Josef Bergt

Gesetzessammlung des liechtensteinischen Rechts

COVID Gesetze

Mag. Dr. iur. Josef Bergt

Gesetzessammlung
des
Liechtensteinischen Rechts

COVID-19 Gesetze und Verordnungen
Stand 01.05.2020

Impressum

Bibliografische Information der Deutschen Nationalbibliothek: Die Deutsche Nationalbibliothek verzeichnet diese Publikation in der Deutschen Nationalbibliografie; detail-
lierte bibliografische Daten sind im Internet über http://dnb.dnb.de abrufbar.

Es wird darauf hingewiesen, dass die Veröffentlichung vorliegender Gesetzessammlung
des liechtensteinischen Rechts keine amtliche Veröffentlichung darstellt. Ausschliesslich
die in den Landesgesetzblättern gehörig kundgemachten Rechtsvorschriften entfalten
ihre Geltung. Seit 01.01.2013 ist ausschliesslich die signierte elektronische LGBl-Fassung
massgebend und authentisch (PDF/A-Format). Für bis zum 31.12.2012 kundgemachte
Rechtsvorschriften ist die im Landesgesetzblatt publizierte Papierfassung verbindlich.

Die liechtensteinischen Rechtsvorschriften können unter folgendem Link abgerufen werden: https://www.gesetze.li/

Europäische Rechtsakte können unter nachfolgendem Link aufgerufen werden:
     https://eur-lex.europa.eu/

Ob ein Unionsrechtsakt in Liechtenstein anwendbar ist, ist abhängig von einem Beschluss
des gemeinsamen EWR-Ausschusses (EEA Joint Committee Decision; JCD). Ob ein solcher Beschluss vorliegt kann der in der Folge angeführten Website der EFTA entnommen
werden: https://www.efta.int/eea-lex

Alle Angaben erfolgen trotz sorgfältiger Bearbeitung ohne Gewähr und eine Haftung für
die Vollständigkeit und Richtigkeit der Inhalte wird ausgeschlossen.

*Die Ordnung der Rechtsvorschriften in Zusammenhang mit dem Coronavirus erfolgte in chrono-
logischer Reihenfolge.*

Herausgeber: Josef Bergt I Stand 01.05.2020

https://www.bergtlaw.li/ I https://www.bergtlaw.at/ I https://bergt.tax/

Herstellung und Verlag: BoD – Books on Demand, Norderstedt

ISBN: 978-3-7519-3149-6

Diese Reihe kommt an und für sich ohne Vorwort aus, jedoch hoffe ich, dass dieser Teilband über die Rechtsvorschriften in Zusammenhang mit dem Coronavirus im speziellen künftig keiner weiteren Auflage bedarf.

Wiewohl es sich generell als rühmlich dartut Verstand und Vernunft walten zu lassen – frei nach *Kant „sapere aude!"*; auch wenn glauben leichter ist als denken – sind die gegenständlich – mitunter auch als Mahnmal an die Nachwelt wiedergegebenen – Massnahmen aus Perspektive eines Juristen besonders kritisch zu würdigen und mit gesunder Skepsis zu hinterfragen.

Dass die Vorschriften das Ziel verfolgten und verfolgen gerecht zu sein steht wohl ausser Frage. Aber auch wenn die Rechtsphilosophie im juristischen Alltag meist eine relativ untergeordnete respektive zumindest passive Rolle einnimmt, so stellt sich gegenständlich doch die Frage, ob manche Vorschriften bzw Massnahmen nicht derart unerträglich ungerecht sind, dass sie gemäss *Radbruch* der Gerechtigkeit weichen müssen.

Der Grat mag ein schmaler sein, doch selbst wenn man dem positiven Recht im Ergebnis den Vorrang zuteilwerden lassen sollte, drängt sich nachgerade die Frage auf, ob denn die gegenständlichen Massnahmen nicht die Grundwerte der Menschheit derart in Chaos rühren, dass sie insofern überschiessend sind als es zumindest in manchen Teilbereichen wohl gelindere und ebenso zielführende Massnahmen gegeben hätte. Auch das Recht auf Selbstbestimmung und freie Entfaltung, die Eigenverantwortlichkeit, gerade auch das Recht auf Leben (nicht nur auf „Überleben") und als etwaiger Ausfluss hiervon ein Recht zu sterben sind gleichfalls zu berücksichtigen, auch wenn diesen selbstredend nicht nur im Sinne der goldenen Regel sowie Moral und Sitte sondern auch im positivierten Recht zwingenderweise gewisse sanktionsbehaftete Einschränkungen widerfahren und widerfahren müssen.

Die Geister hierüber mögen sich spalten, die Debatte darüber sollte jedoch jedenfalls geführt werden – nicht aber auf emotionaler Ebene, auch wenn es noch so verständlich sein mag, Werturteile in diese heikle Diskussion einzubringen, ist es nicht meine Intention eine Polarisierung anzustossen. Dennoch, eine Verfassung ist nur so „gut" wie sie eben auch in der Krise funktioniert; gerade in solchen Zeiten muss folglich auf die penible Einhaltung derselben geachtet werden. Jedenfalls im Positiven soll aber auch attestiert werden, dass die Massnahmen in Liechtenstein und Schweiz durchschnittlich weit weniger invasiv waren als im internationalen Vergleich.

Im Sinne des vorhergehend Gesagten sei der Doyen des Verfassungsrechts – *Kelsen* – zitiert:

„Demokratie ist diejenige Staatsform, die sich am wenigsten gegen ihre Gegner wehrt. Es scheint ihr tragisches Schicksal zu sein, daß sie auch ihren ärgsten Feind an ihrer eigenen Brust nähren muß."

Dabei soll man sich selbstredend keiner Illusion hingeben, selbst *Kelsen* war nüchterner Realist:

„Eine Eigentümlichkeit der sozialen Gebilde, die den Gegenstand soziologischer Erkenntnis bilden, wie Staat, Nation, Klasse usw., ist der Dualismus zwischen der Ideologie, in der sich diese Gebilde im Bewußtsein der sie konstituierenden Menschen darstellen, und der sog. Realität, das ist der Wirklichkeit der tatsächlichen Beziehungen, die zwischen den sozialen Körper bildenden Menschen bestehen. [...] Und so ist denn auch in der Theorie der Staats- und Gesellschaftsformen, zu der die Lehre von der Demokratie gehört, dadurch manche Verwirrung geraten, daß man tatsächlich als Demokratie hingenommen, was sich aus irgendwelchen Gründen selbst als solche ausgibt. Allerdings: Daß die soziale Wirklichkeit, die den Anspruch erhebt, als Demokratie zu gelten, hinter der Demokratie mehr oder weniger zurückbleiben muß, scheint unvermeidlich. [...] Und trotz dieses ihres Gegensatzes zur sozialen Realität, ja vielleicht sogar gerade wegen dieses ihres Gegensatzes ist und bleibt die Idee der Freiheit die ewige Grunddominante aller politischen Spekulation und bildet so gleichsam den Kontrapunkt aller Gesellschaftstheorie und Staatspraxis."[1]

Es stellt sich die Frage, ob diese durch *Kelsen* als Grunddominante der Demokratie bezeichnete Freiheit zuletzt unter Beschuss gekommen ist.

---

[1] *Kelsen*, zur Soziologie der Demokratie (1926), Die Wiener rechtstheoretische Schule, Schriften von *Kelsen/Merkl/Verdross* in *Klecatsky/Marcic/Schambeck* (Hrsg), Wien 2010, S 1417 f.

VI

Da er vorher auch bereits angeführt wurde, soll an dieser Stelle nochmals verdeutlichend *Radbruch* zitiert werden; im Anschluss sei jeder dazu angehalten sich Gedanken über seine/ihre Grundrechte zu machen:

„Der Konflikt zwischen der Gerechtigkeit und der Rechtssicherheit dürfte dahin zu lösen sein, daß das positive, durch Satzung und Macht gesicherte Recht auch dann den Vorrang hat, wenn es inhaltlich ungerecht und unzweckmäßig ist, es sei denn, daß der Widerspruch des positiven Gesetzes zur Gerechtigkeit ein so unerträgliches Maß erreicht, daß das Gesetz als ‚unrichtiges Recht' der Gerechtigkeit zu weichen hat. Es ist unmöglich, eine schärfere Linie zu ziehen zwischen den Fällen des gesetzlichen Unrechts und den trotz unrichtigen Inhalts dennoch geltenden Gesetzen; eine andere Grenzziehung aber kann mit aller Schärfe vorgenommen werden: wo Gerechtigkeit nicht einmal erstrebt wird, wo die Gleichheit, die den Kern der Gerechtigkeit ausmacht, bei der Setzung positiven Rechts bewußt verleugnet wurde, da ist das Gesetz nicht etwa nur ‚unrichtiges' Recht, vielmehr entbehrt es überhaupt der Rechtsnatur. Denn man kann Recht, auch positives Recht, gar nicht anders definieren als eine Ordnung und Satzung, die ihrem Sinne nach bestimmt ist, der Gerechtigkeit zu dienen."[2]

„Wo also [...] Gerechtigkeit nicht einmal erstrebt wird, können die so geschaffenen Anordnungen nur Machtsprüche sein, niemals Rechtssätze [...]; so ist das Gesetz, das gewissen Menschen die Menschenrechte verweigert, kein Rechtssatz. Hier ist also eine scharfe Grenze zwischen Recht und Nicht-Recht gegeben, während wie oben gezeigt wurde, die Grenze zwischen gesetzlichem Unrecht und geltendem Recht nur eine Maßgrenze ist [...]."[3]

---

[2] *Radbruch*, Gesetzliches Unrecht und übergesetzliches Recht, SJZ 1946, 105 (107).

[3] *Radbruch*, Vorschule der Rechtsphilosophie, 2. Auflage, Göttingen 1959, S. 34.

Inhaltsübersicht

I. Verordnung über Massnahmen zur Bekämpfung des Coronavirus (COVID-19)

vom 13. März 2020

Aufgrund von Art. 40 und in Übereinstimmung mit Art. 7 des Bundesgesetzes vom 28. September 2012 über die Bekämpfung übertragbarer Krankheiten des Menschen (Epidemiengesetz, EpG), SR 818.101[4], Art. 65[5] des Gesundheitsgesetzes (GesG) vom 13. Dezember 2007, LGBl. 2008 Nr. 30, Art. 28[6] und 33 des Abkommens vom 2. Mai 1992 über den Europäischen Wirtschaftsraum,

---

[4] https://www.admin.ch/opc/de/classified-compilation/20071012/index.html; Art. 7: Wenn es eine ausserordentliche Lage erfordert, kann der Bundesrat für das ganze Land oder für einzelne Landesteile die notwendigen Massnahmen anordnen.

[5] 1) Die Regierung erlässt die zur Durchführung dieses Gesetzes notwendigen Verordnungen.

2) Sie kann mit Verordnung die ihr in Art. 49 zugewiesenen Geschäfte unter Vorbehalt des Rechtszuges an die Kollegialregierung an das Amt für Gesundheit zur selbständigen Erledigung übertragen.

[6] 1) Zwischen den EG-Mitgliedstaaten und den EFTA-Staaten wird die Freizügigkeit der Arbeitnehmer hergestellt.

2) Sie umfasst die Abschaffung jeder auf der Staatsangehörigkeit beruhenden unterschiedlichen Behandlung der Arbeitnehmer der EG-Mitgliedstaaten und der EFTA-Staaten in bezug auf Beschäftigung, Entlohnung und sonstige Arbeitsbedingungen.

3) Sie gibt - vorbehaltlich der aus Gründen der öffentlichen Ordnung, Sicherheit und Gesundheit gerechtfertigten Beschränkungen - den Arbeitnehmern das Recht,

a) sich um tatsächlich angebotene Stellen zu bewerben;

b) sich zu diesem Zweck im Hoheitsgebiet der EG-Mitgliedstaaten und der EFTA-Staaten frei zu bewegen;

c) sich im Hoheitsgebiet eines EG-Mitgliedstaats oder eines EFTA-Staates aufzuhalten, um dort nach den für die Arbeitnehmer dieses Staates geltenden Rechts- und Verwaltungsvorschriften eine Beschäftigung auszuüben;

d) nach Beendigung einer Beschäftigung im Hoheitsgebiet eines EG-Mitgliedstaats oder eines EFTA-Staates zu verbleiben.

4) Dieser Artikel findet keine Anwendung auf die Beschäftigung im öffentlichen Dienst.

5) Die besonderen Bestimmungen über die Freizügigkeit der Arbeitnehmer sind in Anhang V enthalten.

1

LGBl. 1995 Nr. 68, sowie Art. 28 der Verordnung (EU) 2016/399 des Europäischen Parlaments und des Rates vom 9. März 2016 über einen Gemeinschaftskodex für das Überschreiten der Grenzen durch Personen (Schengener Grenzkodex)1, LGBl. 2016 Nr. 328, verordnet die Regierung:

I. Allgemeine Bestimmungen

Art. 1

Gegenstand und Zweck

1) Diese Verordnung ordnet Massnahmen gegenüber der Bevölkerung, Organisationen und Institutionen an zur Verminderung des Übertragungsrisikos und zur Bekämpfung des Coronavirus (COVID-19).

2) Die Massnahmen dienen dazu:

a) die Verbreitung des Coronavirus (COVID-19) im liechtensteinisch-schweizerischen Zollgebiet zu verhindern oder einzudämmen;

b) die Häufigkeit von Übertragungen zu reduzieren, Übertragungsketten zu unterbrechen und lokale Ausbrüche zu verhindern oder einzudämmen;

c) besonders gefährdete Personen zu schützen;

d) die Kapazitäten zur Bewältigung der Epidemie im Inland sicherzustellen, insbesondere zur Aufrechterhaltung der Bedingungen für eine ausreichende Versorgung der Bevölkerung mit Pflege und Heilmitteln.

3) Vorbehalten bleiben die aufgrund des Zollvertrags in Liechtenstein anwendbaren schweizerischen Rechtsvorschriften.

Art. 1a

Vollzug

Die zuständigen liechtensteinischen Behörden überwachen die Einhaltung der Massnahmen nach dieser Verordnung, soweit nicht schweizerische Behörden für den Vollzug zuständig sind.

II. Aufrechterhaltung der Kapazitäten in der Gesundheitsversorgung

A. Grundsatz

Art. 2

Grundsatz

1) Um die Kapazitäten zur Bewältigung der COVID-19-Epidemie im Inland aufrechtzuerhalten und um insbesondere die Bedingungen für eine ausreichende Versorgung der Bevölkerung mit Pflege und Heilmitteln zu gewährleisten, müssen insbesondere folgende Massnahmen getroffen werden:

a) Massnahmen zur Einschränkung der Einreise von Personen aus Risikoländern oder -regionen sowie der Ein- und Ausfuhr von Waren;

b) Kontrolle der Ausfuhr von für die Gesundheitsversorgung wichtigen Gütern;

c) Massnahmen zur Sicherstellung der Versorgung mit wichtigen medizinischen Gütern.

2) Als Risikoländer oder -regionen gelten namentlich Länder und Regionen, deren Behörden ausserordentliche Massnahmen zur Verhütung und Bekämpfung der COVID-19-Epidemie angeordnet haben. Die Liste der Risikoländer oder -regionen wird in Anhang 1 veröffentlicht.

B. Einschränkungen beim Grenzübertritt

Art. 3

Grenzübertritt und Kontrolle

1) Die für die Grenzkontrolle zuständige Behörde verweigert allen Personen aus einem Risikoland oder aus einer Risikoregion die Einreise in das liechtensteinisch-schweizerische Zollgebiet, sofern sie nicht eine der folgenden Voraussetzungen erfüllen:

a) Sie verfügen über das Liechtensteiner oder Schweizer Bürgerrecht.

b) Sie verfügen über ein Reisedokument und:

1. einen Aufenthaltstitel, namentlich eine liechtensteinische oder schweizerische Aufenthaltsbewilligung, eine Grenzgängerbewilligung, ein von Liechten-

stein oder der Schweiz ausgestelltes Visum mit dem Zweck "geschäftliche Besprechungen" als Spezialisten im Zusammenhang mit dem Gesundheitsbereich oder mit dem Zweck "offizieller Besuch" von grosser Bedeutung; oder

2. eine Zusicherung der Aufenthaltsbewilligung.

c) Sie sind Freizügigkeitsberechtigte und haben einen beruflichen Grund für die Einreise in das liechtensteinisch-schweizerische Zollgebiet und besitzen eine Meldebestätigung.

d) Sie führen einen gewerblichen Warentransport aus und besitzen einen Warenlieferschein.

e) Sie reisen lediglich zur Durchreise in das liechtensteinisch-schweizerische Zollgebiet ein mit der Absicht und der Möglichkeit, direkt in ein anderes Land weiterzureisen.

f) Sie befinden sich in einer Situation der äussersten Notwendigkeit.

g) Sie sind als Spezialisten im Zusammenhang mit dem Gesundheitsbereich von grosser Bedeutung.

1a) Die Einreise mit einer Grenzgängerbewilligung nach Abs. 1 Bst. b Ziff. 1 ist nur zu beruflichen Zwecken zulässig.

2) Die betreffenden Personen müssen glaubhaft machen, dass sie eine der obengenannten Voraussetzungen erfüllen. Die zuständige schweizerische Behörde erlässt hierzu Weisungen.

3) Entscheide der zuständigen Behörden können sofort vollstreckt werden. Allfällige Beschwerden gegen diese Entscheide haben keine aufschiebende Wirkung.

4) Die Strafbestimmungen der Ausländergesetzgebung gelten sinngemäss. Bei Verletzung der Einreisebestimmung kann zudem ein Einreiseverbot ausgesprochen werden.

5) Weitergehende Einschränkungen der zuständigen schweizerischen Behörden bei der Einreise von Ausländern über die Schengen-Binnen- und -Aussengrenzen bleiben unberührt.

Art. 3a[7]

Verbot von Einkaufstourismus

Die Einfuhr von Waren über einen terrestrischen Grenzübergang aus einem Nachbarstaat, der ein Risikoland ist, ist verboten, wenn diese im Rahmen einer Reise erworben worden sind, die ausschliesslich dem Einkaufstourismus gedient hat.

Art. 4

Einschränkung des grenzüberschreitenden Personen- und Warenverkehrs

Für den grenzüberschreitenden Personen- und Warenverkehr aus Risikoländern oder -regionen gelten die Einschränkungen der zuständigen schweizerischen Behörden.

Art. 4a

Erteilung von Visa

Die Erteilung von Schengen-Visa sowie von nationalen Visa und Ermächtigungen zur Visa-Ausstellung an Personen aus Risikoländern oder -regionen nach Anhang 1 wird eingestellt. Ausgenommen davon sind Gesuche von Personen, die sich in einer Situation der äussersten Notwendigkeit befinden oder als Spezialisten im Zusammenhang mit dem Gesundheitsbereich von grosser Bedeutung sind.

C. Ausfuhrkontrolle für Schutzausrüstung

Art. 4b

Ausfuhrbewilligung

1) Für die Ausfuhr der in Anhang 2 aufgeführten Schutzausrüstung und wichtigen medizinischen Güter aus dem liechtensteinisch-schweizerischen Zollgebiet ist eine Bewilligung des Staatssekretariats für Wirtschaft (SECO) erforderlich, gegebenenfalls zusätzlich zur erforderlichen Bewilligung nach dem Heilmittel- und dem Betäubungsmittelrecht.

---

[7] Ein Schelm, wer böses über diese Massnahme denkt. In Anbetracht der relativ strengen reziproken Einschränkungen beim Grenzübertritt in die Nachbarländer (vgl die vorgehende Norm) mutet diese Bestimmung aus rechtspolitischer Sicht etwas fragwürdig an – zumindest was deren normativen Gehalt anbelangt.

2) Abs. 1 findet keine Anwendung auf die Ausfuhr von Schutzausrüstung und von wichtigen medizinischen Gütern:

a) soweit die Reziprozität gewährleistet ist, in EU-Mitgliedstaaten, in die in Anhang II des Vertrags vom 13. Dezember 2007 über die Arbeitsweise der Europäischen Union (konsolidierte Fassung) aufgeführten überseeischen Länder und Hoheitsgebiete sowie nach Norwegen und Island, in das Vereinigte Königreich, die Färöer, nach Andorra, San Marino und in die Vatikanstadt;

b) durch medizinisches Personal und Personal des Katastrophen- und des Zivilschutzes zur Berufsausübung oder zur Erstehilfeleistung;

c) durch andere Personen für den eigenen Bedarf;

d) als Ausrüstungen für die Erstehilfeleistung oder für sonstige dringende Fälle in Autobussen, Eisenbahnzügen, Luftfahrzeugen oder Schiffen im internationalen Verkehr;

e) zur Versorgung von:

1. Liechtensteiner oder Schweizer Auslandsvertretungen, Auslandsmissionen und Einsätzen bei der Europäischen Grenz- und Küstenwache Frontex,

2. liechtensteinischen oder schweizerischen öffentlichen Institutionen im Ausland,

3. Angehörigen der schweizerischen Armee im Auslandseinsatz,

4. Liechtensteiner oder Schweizer Angehörigen internationaler Polizeimissionen oder ziviler internationaler Friedensmissionen.

Art. 4c

Verfahren und Entscheid

1) Das Gesuch ist auf der elektronischen Bewilligungsplattform ELIC des SECO einzureichen.

2) Das SECO entscheidet innerhalb von fünf Arbeitstagen nach Eingang des vollständigen Gesuchs. Sind besonders aufwendige Abklärungen erforderlich, so kann diese Frist um weitere fünf Arbeitstage verlängert werden.

3) Das SECO eröffnet den Entscheid dem Gesuchsteller in elektronischer Form.

4) Eine Bewilligung wird erteilt, wenn der Bedarf an Schutzausrüstung und wichtigen medizinischen Gütern nach Anhang 2 für Gesundheitseinrichtungen, weiteres medizinisches Personal, Patienten, den Bevölkerungs- und Zivilschutz sowie Behörden und Organisationen für Rettung und Sicherheit in Liechtenstein oder in der Schweiz genügend abgedeckt ist.

5) Das SECO hört vor seinem Entscheid die zuständigen liechtensteinischen oder schweizerischen Behörden an. Die zuständigen Stellen geben insbesondere bekannt, welche Menge an Schutzausrüstung oder wichtigen medizinischen Gütern im Rahmen der Meldepflicht nach Art. 4e Abs. 2 bis 4 gemeldet wurde.

6) Das SECO kann ausländische Behörden konsultieren, ihnen sachdienliche Angaben übermitteln und von ihnen erhaltene Informationen bei der Beurteilung berücksichtigen.

7) Bei der Entscheidung über die Erteilung einer Bewilligung werden alle relevanten Erwägungen zugrunde gelegt, einschliesslich gegebenenfalls die Frage, ob die Ausfuhr der Unterstützung dient von:

a) Staaten oder internationalen Organisationen, die ein Ersuchen an Liechtenstein oder die Schweiz gerichtet haben;

b) Hilfsorganisationen im Ausland, die nach der Genfer Flüchtlingskonvention geschützt sind;

c) dem Globalen Netzwerk für Warnungen und Gegenmassnahmen (GOARN) der Weltgesundheitsorganisation (WHO).

D. Versorgung mit wichtigen medizinischen Gütern30

Art. 4d

Begriff

Als wichtige und zur Verhütung und Bekämpfung des Coronavirus (COVID-19) dringend benötigte Arzneimittel, Medizinprodukte und Schutzausrüstungen (wichtige medizinische Güter) gelten die Güter, die in den Listen in Anhang 3 aufgeführt sind.

Art. 4e

Meldepflicht

1) Die zuständige liechtensteinische Behörde ist verpflichtet, dem Koordinierten Sanitätsdienst (KSD) die aktuellen Bestände der wichtigen medizinischen Güter in den inländischen Gesundheitseinrichtungen regelmässig zu melden. Die Abs. 2 und 3 bleiben vorbehalten.

2) Das Amt für Gesundheit, die Spitäler sowie die Hersteller und die Vertreiber von Arzneimitteln sind verpflichtet, dem Fachbereich Heilmittel der Organisation der wirtschaftlichen Landesversorgung regelmässig die aktuellen Bestände bestimmter Arzneimittel nach Anhang 3 Ziff. 1 zu melden.

3) Laboratorien sowie Hersteller und Vertreiber von In-vitro-Diagnostika ("COVID-19-Tests") sind verpflichtet, dem Labor Spiez die aktuellen Bestände solcher Tests regelmässig zu melden.

4) Der KSD kann bei Unternehmen, die wichtige medizinische Güter lagern, Angaben zu den Beständen einfordern.

Art. 4f

Beschaffung von wichtigen medizinischen Gütern

1) Zur Unterstützung der Versorgung der Kantone (einschliesslich Liechtensteins) und ihrer Gesundheitseinrichtungen, von gemeinnützigen Organisationen (z.B. Liechtensteinisches oder Schweizerisches Rotes Kreuz) und von Dritten (z.B. Labors, Apotheken) können wichtige medizinische Güter beschafft werden, falls über die normalen Beschaffungskanäle der Bedarf nicht gedeckt werden kann.

2) Die fehlenden wichtigen medizinischen Güter werden auf der Grundlage der nach Art. 4e übermittelten Daten bestimmt.

3) Für die Beschaffung von wichtigen medizinischen Gütern nach Abs. 1 sind im Auftrag des Bundesamtes für Gesundheit (BAG) zuständig:

a) für Medizinprodukte und Schutzausrüstungen: die Armeeapotheke;

b) für Arzneimittel: das BAG im Einvernehmen mit dem Fachbereich Heilmittel der Organisation der wirtschaftlichen Landesversorgung.

8

4) Die zuständigen Behörden können Dritte mit der Beschaffung von wichtigen medizinischen Gütern beauftragen.

Art. 4g

Zuteilung von wichtigen medizinischen Gütern

1) Die zuständige liechtensteinische Behörde stellt bei Bedarf Zuteilungsgesuche an den KSD.

2) Die Zuteilung erfolgt laufend aufgrund der Versorgungslage und der aktuellen Fallzahlen in den jeweiligen Kantonen (einschliesslich Liechtensteins).

3) Der KSD kann im Einvernehmen mit dem BAG und dem Fachbereich Heilmittel der Organisation der wirtschaftlichen Landesversorgung wichtige medizinische Güter an die Kantone (einschliesslich Liechtensteins), an gemeinnützige Organisationen sowie an Dritte zuteilen.

4) Für die Zuteilung von In-vitro-Diagnostika ("COVID-19-Tests") ist das Labor Spiez im Einvernehmen mit dem BAG zuständig. Die Zuteilung erfolgt für alle in Liechtenstein und in der Schweiz vorhandenen Tests.

Art. 4h

Lieferung und Verteilung von wichtigen medizinischen Gütern

1) Die zuständigen schweizerischen Behörden oder die von ihnen beauftragten Dritten sorgen für die Lieferung der nach Art. 4f beschafften wichtigen medizinischen Güter an eine zentrale inländische Anlieferstelle. In Ausnahmefällen können die zuständigen schweizerischen Behörden in Absprache mit der zuständigen liechtensteinischen Behörde anspruchsberechtigte Einrichtungen und Organisationen direkt beliefern.

2) Die zuständigen liechtensteinischen Behörden bezeichnen für Güter, die nicht direkt an die Empfänger geliefert werden, inländische Anlieferstellen und melden diese den zuständigen schweizerischen Behörden.

3) Die zuständigen liechtensteinischen Behörden sorgen bei Bedarf für die rechtzeitige Weiterverteilung der angelieferten wichtigen medizinischen Güter in Liechtenstein.

Art. 4i

Kosten

1) Die Kosten für die Beschaffung wichtiger medizinischer Güter werden von der Schweiz vorfinanziert, soweit sie die Güter beschafft.

2) Das Land, die gemeinnützigen Organisationen sowie Dritte erstatten der Schweiz so rasch wie möglich die Einkaufskosten für die ihnen gelieferten wichtigen medizinischen Güter, deren Beschaffung die Schweiz nach Art. 4f Abs. 1 übernommen hat.

3) Das Land trägt die Kosten für:

a) die Lieferung der beschafften wichtigen medizinischen Güter nach Liechtenstein;

b) die Weiterverteilung dieser wichtigen medizinischen Güter im Inland.

Art. 4j

Einziehung

1) Kann die Versorgung mit wichtigen medizinischen Gütern nach Art. 4f nicht gewährleistet werden, so kann die zuständige schweizerische Behörde nach Rücksprache mit der Regierung das Land oder öffentliche Gesundheitseinrichtungen, die über ausreichende Lagerbestände der Arzneimittel nach Anhang 3 Ziff. 1 verfügen, verpflichten, Teile ihrer Lagerbestände an bestimmte Kantone oder Gesundheitseinrichtungen zu liefern. Die Kosten der Lieferung und der Güter werden vom Land bzw. von den Gesundheitseinrichtungen zum Einkaufspreis direkt an den Empfänger verrechnet.

2) Unter der Voraussetzung von Abs. 1 kann die zuständige schweizerische Behörde nach Rücksprache mit der Regierung in Unternehmen vorhandene wichtige medizinische Güter einziehen lassen. Die Schweiz richtet eine Entschädigung zum Einkaufspreis aus.

Art. 4k

Herstellung

1) Kann die Versorgung mit wichtigen medizinischen Gütern nach Art. 4f anderweitig nicht gewährleistet werden, so kann die Regierung Hersteller

verpflichten, wichtige medizinische Güter herzustellen, die Produktion solcher Güter zu priorisieren oder die Produktionsmengen zu erhöhen.

2) An Produktionen nach Abs. 1 können staatliche Beiträge geleistet werden, sofern die Hersteller infolge der Produktionsumstellung oder der Stornierung privater Aufträge finanzielle Nachteile erleiden.

Art. 4l

Ausnahmen von der Zulassungspflicht für Arzneimittel

1) Arzneimittel, die mit Wirkstoffen nach Anhang 4 für die Behandlung von COVID-19-Patienten hergestellt werden, dürfen nach Einreichung eines Zulassungsgesuchs für ein Arzneimittel mit einem dieser Wirkstoffe bis zum Zulassungsentscheid der Swissmedic ohne Zulassung in Verkehr gebracht werden. Die Swissmedic kann im Rahmen der Prüfung von Zulassungsgesuchen auf der Grundlage einer Nutzen-/Risiko-Analyse bei diesen Arzneimitteln Abweichungen von den geltenden heilmittelrechtlichen Vorgaben bewilligen.

2) Änderungen der Zulassung eines im liechtensteinisch-schweizerischen Zollgebiet zugelassenen Arzneimittels mit einem Wirkstoff nach Anhang 3 Ziff. 1, der zur Verhütung und Bekämpfung des Coronavirus im liechtensteinisch-schweizerischen Zollgebiet eingesetzt wird, dürfen nach Einreichung eines entsprechenden Änderungsgesuchs sofort umgesetzt werden. Die Swissmedic kann auf der Grundlage einer Nutzen-/Risiko-Analyse bei diesen Änderungen Abweichungen von den geltenden heilmittelrechtlichen Vorgaben bewilligen.

3) Die Swissmedic kann auf der Grundlage einer Nutzen-/Risiko-Analyse bei Arzneimitteln zur Verhütung und Bekämpfung des Coronavirus im liechtensteinisch-schweizerischen Zollgebiet Abweichungen von dem im Rahmen der Zulassung genehmigten Herstellungsprozess bewilligen. Sie legt Kriterien fest, unter denen die fachtechnisch verantwortliche Person eine vorzeitige Marktfreigabe für Arzneimittel zur Verhütung und Bekämpfung des Coronavirus im liechtensteinisch-schweizerischen Zollgebiet erteilen kann.

Art. 4m

Ausnahmen von den Bestimmungen für die Einfuhr von Arzneimitteln

1) Apotheker, die in einer Spitalapotheke die pharmazeutische Verantwortung innehaben, dürfen nicht zugelassene Arzneimittel mit Wirkstoffen nach Anhang 4 für die Behandlung von COVID-19-Patienten einführen. Mit der Einfuhr

11

solcher Arzneimittel kann ein Betrieb mit Grosshandels- oder Einfuhrbewilligung beauftragt werden.

2) Die Einfuhr ist der Swissmedic innerhalb von 10 Tagen nach Wareneingang zu melden.

3) Zur Verhütung und Bekämpfung des Coronavirus im liechtensteinisch-schweizerischen Zollgebiet kann die Swissmedic das zeitlich begrenzte Inverkehrbringen eines Arzneimittels als Überbrückung einer temporären Nichtverfügbarkeit eines identischen, im liechtensteinisch-schweizerischen Zollgebiet zugelassenen Arzneimittels bewilligen, sofern im liechtensteinisch-schweizerischen Zollgebiet kein im Wesentlichen gleiches Arzneimittel zugelassen und verfügbar ist.

Art. 4n

Ausnahmen für Medizinprodukte

1) Die Swissmedic kann auf Gesuch hin das Inverkehrbringen und die Inbetriebnahme von Medizinprodukten, für die kein Konformitätsbewertungsverfahren nach Art. 10 der Medizinprodukteverordnung (MepV[8]; SR 812.213) durchgeführt wurde, bewilligen, wenn deren Verwendung zur Verhütung und Bekämpfung des Coronavirus im liechtensteinisch-schweizerischen Zollgebiet im Interesse der öffentlichen Gesundheit oder der Patientensicherheit oder -gesundheit liegt und unter Berücksichtigung ihrer Zweckbestimmung die Erfüllung der grundlegenden Anforderungen sowie die Wirksamkeit und Leistung ausreichend nachgewiesen wird.

2) Im Rahmen der Risikoabwägung nach Abs. 1 berücksichtigt die Swissmedic insbesondere den durch das BAG ausgewiesenen Beschaffungsbedarf zur Verhütung und Bekämpfung des Coronavirus im liechtensteinisch-schweizerischen Zollgebiet.

3) Die Bewilligungserteilung wird gegenüber dem Liechtensteiner oder Schweizer Inverkehrbringer oder der gesuchstellenden Institution oder Gesundheitseinrichtung verfügt. Sie kann befristet werden und unter Auflagen oder Bedingungen erfolgen.

---

[8] https://www.admin.ch/opc/de/classified-compilation/19995459/index.html

4) Die Pflichten zur Produktebeobachtung nach der MepV, insbesondere die Sammel- und Meldepflichten betreffend schwerwiegende Vorkommnisse, gelten weiterhin.

Art. 4o

Ausnahmen für persönliche Schutzausrüstungen

1) Für die Schutzausrüstungen nach Anhang 3 Ziff. 3, die im liechtensteinisch-schweizerischen Zollgebiet hergestellt und in Verkehr gebracht werden oder die in das liechtensteinisch-schweizerische Zollgebiet eingeführt und hier in Verkehr gebracht werden, kann von den Grundsätzen und Verfahren für die Konformitätsbewertung nach Art. 3 Abs. 2 der Verordnung über die Sicherheit von persönlichen Schutzausrüstungen (PSAV[9]; SR 930.115) abgewichen werden, wenn ihre Verwendung zur Verhütung und Bekämpfung des Coronavirus im liechtensteinisch-schweizerischen Zollgebiet im Interesse der öffentlichen Gesundheit oder der Patientensicherheit oder -gesundheit liegt.

2) Abweichungen nach Abs. 1 sind zulässig, sofern ein angemessenes Sicherheitsniveau im Hinblick auf die geltenden rechtlichen Anforderungen gemäss PSAV gewährleistet ist und die Herstellung erfolgt nach:

a) einer harmonisierten europäischen Norm mit ausstehendem Konformitätsbewertungsverfahren;

b) einer in den WHO-Richtlinien genannten Norm; oder

c) einer anderen, nicht-europäischen Norm oder einer anderen technischen Lösung.

3) Die zuständigen Kontrollorgane überprüfen und genehmigen spezifische technische Lösungen nach Abs. 2.

III. Massnahmen gegenüber der Bevölkerung, Organisationen und Institutionen

Art. 5

Veranstaltungen und Betriebe

1) Es ist verboten, öffentliche oder private Veranstaltungen, einschliesslich Sportveranstaltungen und Vereinsaktivitäten, durchzuführen.

---

[9] https://www.admin.ch/opc/de/classified-compilation/20172047/index.html

2) Öffentlich zugängliche Einrichtungen sind für das Publikum geschlossen, namentlich:

a) Aufgehoben[10]

b) Restaurationsbetriebe;

c) Barbetriebe sowie Diskotheken, Nachtclubs, Erotikbetriebe und Angebote der Prostitution, einschliesslich solcher in privaten Räumlichkeiten;

d) Unterhaltungs- und Freizeitbetriebe, namentlich Museen, Bibliotheken, Kinos, Konzerthäuser, Theater, Casinos und Spielsalons, Sportzentren, Sportstätten, Fitnesszentren, Schwimmbäder, Wellnesszentren, Skigebiete, botanische und zoologische Gärten und Tierparks;

e) Aufgehoben[11]

f) Campingplätze.

3) Abs. 1 und 2 gelten nicht für folgende Einrichtungen und Veranstaltungen, sofern sie über ein Schutzkonzept nach Art. 5a verfügen:

a) Einkaufsläden und Märkte;

b) Imbiss-Betriebe (Take-away), Betriebskantinen, Lieferdienste für Mahlzeiten und Restaurationsbetriebe für Hotelgäste;

c) Apotheken, Drogerien und Läden für medizinische Hilfsmittel (z.B. Brillen, Hörgeräte);

d) Poststellen und Postagenturen;

e) Verkaufsstellen von Telekommunikationsanbietern;

f) Banken;

g) Tankstellen;

h) Bahnhöfe und andere Einrichtungen des öffentlichen Verkehrs;

i) Werkstätten für Transportmittel;

---

[10] Siehe für die unterschiedlichen Fassungen dieser Verordnung die jeweiligen Änderungen in der Anlage.
[11] So.

14

k) öffentliche Verwaltung;

l) soziale Einrichtungen (z.b. Anlaufstellen);

m) Bestattungen im Familienkreis;

n) Gesundheitseinrichtungen wie Spitäler, Kliniken und Arztpraxen sowie Praxen und Einrichtungen von Gesundheitsfachpersonen;

o) Hotels und Beherbergungsbetriebe sowie Stellplätze für Wohnwagen und Wohnmobile, die für eine Dauermiete oder für Fahrende vorgesehen sind;

p) Betriebe mit personenbezogenen Dienstleistungen mit Körperkontakt wie Coiffeure, Massagen, Tattoo-Studios und Kosmetik;

q) Einrichtungen zur Selbstbedienung wie Solarien, Autowaschanlagen oder Blumenfelder.

4) Die Einrichtungen und Veranstaltungen nach Abs. 3 müssen die Empfehlungen der Regierung und des Amtes für Gesundheit betreffend Hygiene und sozialer Distanz einhalten. Die Anzahl der anwesenden Personen ist entsprechend zu limitieren, und Menschenansammlungen sind zu verhindern.

Art. 5a

Schutzkonzept

1) Betreiber von Einrichtungen und Organisatoren von Veranstaltungen nach Art. 5 Abs. 3 müssen durch die Erarbeitung und Umsetzung eines Schutzkonzepts gewährleisten, dass das Übertragungsrisiko minimiert wird für:

a) Kunden, Besucher und Teilnehmer; und

b) die im Betrieb oder an der Veranstaltung tätigen Personen.

2) Das Amt für Gesundheit legt in Zusammenarbeit mit dem Amt für Volkswirtschaft die gesundheits- und arbeitsrechtlichen Vorgaben bezüglich der Schutzkonzepte fest.

3) Die Branchen- oder Berufsverbände erarbeiten nach Möglichkeit branchenbezogene Grobkonzepte, welche die Vorgaben nach Abs. 2 beachten. Sie hören hierzu die Sozialpartner an.

15

4) Die Betreiber und Organisatoren stützen ihre Schutzkonzepte vorzugsweise auf die Grobkonzepte ihrer Branche nach Abs. 3 ab oder direkt auf die Vorgaben nach Abs. 2.

5) Die zuständigen Vollzugsorgane schliessen einzelne Einrichtungen oder verbieten einzelne Veranstaltungen, falls kein ausreichendes Schutzkonzept vorliegt oder dieses nicht eingehalten wird.

Art. 5b

Bildungs- und Kinderbetreuungseinrichtungen

1) Präsenzveranstaltungen an allen öffentlichen und privaten Bildungseinrichtungen sind verboten.

2) Prüfungen, für die bereits vor dem 19. März 2020 ein Termin festgelegt wurde, dürfen zum festgelegten Termin oder - sofern dieser verschoben werden muss - zum neuen Termin unter Einhaltung der Empfehlungen der Regierung und des Amtes für Gesundheit betreffend Hygiene und sozialer Distanz durchgeführt werden.

3) Ausserhäusliche Kinderbetreuungseinrichtungen und Spielgruppen mit Ausnahme der Tagesfamilienorganisationen sind geschlossen.

4) Besonders gefährdete Personen dürfen für die Betreuung von Kindern nicht eingebunden werden.

Art. 6

Ausnahmen

Das Amt für Gesundheit kann nach Rücksprache mit der Regierung Ausnahmen von den Verboten nach Art. 5 bewilligen, wenn:

a) überwiegende öffentliche Interessen dies gebieten, beispielsweise bei Versorgungproblemen; und

b) vom Veranstalter oder Betreiber ein Schutzkonzept vorgelegt wird, das folgende Präventionsmassnahmen umfasst:

1. Massnahmen zum Ausschluss von Personen, die krank sind oder sich krank fühlen;

2. Massnahmen zum Schutz von besonders gefährdeten Personen;

3. Massnahmen zur Information der anwesenden Personen über allgemeine Schutzmassnahmen wie Händehygiene, Abstandhalten oder Husten- und Schnupfenhygiene;

4. Anpassungen der räumlichen Verhältnisse so, dass die Empfehlungen der Regierung und des Amtes für Gesundheit betreffend Hygiene und soziale Distanz eingehalten werden.

Art. 6a

Versorgung der Bevölkerung mit Lebensmitteln

1) Postanbieter sind ermächtigt, der Bevölkerung online bestellte Lebensmittel und Gegenstände für den täglichen Bedarf an sieben Tagen pro Woche zuzustellen.

2) Eine Ausnahmebewilligung des Amtes für Volkswirtschaft für Sonntagsarbeit und eine Ausnahmebewilligung vom Sonntagsfahrverbot für entsprechende Versorgungsfahrten sind dafür nicht erforderlich.

3) In Anwendung von Art. 2 des Strassenverkehrsgesetzes sind die Postanbieter für Fahrten nach Abs. 1 zudem von der Einhaltung von Fahrverboten und anderen Verkehrsbeschränkungen, insbesondere in Fussgängerzonen, befreit.

Art. 6b

Grundversorgung durch die Post

Die Regierung kann auf begründeten Antrag der Post die lokale, regionale oder überregionale vorübergehende Einschränkung oder die vorübergehende punktuelle Einstellung von Diensten der Grundversorgung in den Bereichen Postdienst und Dienstleistungen des Zahlungsverkehrs gemäss Postgesetz genehmigen. Der Waren- und Zahlungsverkehr gemäss Postgesetz muss wenn immer möglich aufrechterhalten werden.

Art. 6c

Verbot von Menschenansammlungen im öffentlichen Raum

1) Menschenansammlungen von mehr als fünf Personen im öffentlichen Raum, namentlich auf öffentlichen Plätzen, auf Spazierwegen und in Parkanlagen, sind verboten.

17

2) Bei Ansammlungen von bis zu fünf Personen ist zwischen den einzelnen Personen ein Abstand von mindestens zwei Metern einzuhalten.

3) Die Landespolizei und die Gemeindepolizei sorgen für die Einhaltung der Vorgaben im öffentlichen Raum.

Art. 6d

Präventionsmassnahmen auf Baustellen und in der Industrie

1) Die Arbeitgeber im Bauhaupt- und -nebengewerbe und in der Industrie sind verpflichtet, die Empfehlungen der Regierung und des Amtes für Gesundheit betreffend Hygiene und soziale Distanz einzuhalten. Hierzu sind namentlich die Anzahl der anwesenden Personen auf Baustellen oder in Betrieben entsprechend zu limitieren, die Baustellen- und Betriebsorganisation anzupassen und die Nutzung namentlich von Pausenräumen und Kantinen in geeigneter Weise zu beschränken.

2) In Anwendung der Gesundheitsschutzbestimmungen von Art. 6 des Arbeitsgesetzes obliegt der Vollzug von Abs. 1 den nach dem Arbeitsgesetz und dem Unfallversicherungsgesetz zuständigen Behörden.

3) Die zuständigen Vollzugsbehörden können einzelne Betriebe oder Baustellen schliessen, falls die Pflichten nach Abs. 1 nicht eingehalten werden.

Art. 7

Kontrollen der Vollzugsorgane und Mitwirkungspflichten

1) Die zuständigen Vollzugsorgane dürfen in den Betrieben und an Örtlichkeiten jederzeit unangemeldet Kontrollen durchführen.

2) Die Betreiber, Veranstalter und Arbeitgeber haben den zuständigen Vollzugsorganen den Zutritt zu den Räumlichkeiten und Örtlichkeiten zu gewähren.

3) Die Anordnungen der zuständigen Vollzugsorgane bei Kontrollen vor Ort sind unverzüglich umzusetzen.

4) Die Durchführung von Kontrollen und damit zusammenhängende Amtshandlungen der zuständigen Vollzugsorgane sind gebührenfrei, sofern solche Kontrollen oder Amtshandlungen nicht mutwillig verursacht, behindert oder erschwert werden.

IV. Gesundheitsversorgung

Art. 7a

Spitäler und Kliniken

1) Aufgehoben[12]

2) Das Land stellt sicher, dass in Spitälern und Kliniken im stationären Bereich für COVID-19-Patienten sowie für weitere medizinisch dringend angezeigte Untersuchungen und Behandlungen ausreichende Kapazitäten (namentlich Betten und Fachpersonal) zur Verfügung stehen, insbesondere in den Abteilungen der Intensivpflege und der Allgemeinen Inneren Medizin.

3) Die Spitäler und Kliniken sind zu diesem Zweck verpflichtet:

a) ihre Kapazitäten im stationären Bereich zur Verfügung zu stellen oder auf Abruf bereitzuhalten; und

b) medizinisch nicht dringend angezeigte Untersuchungen und Behandlungen erforderlichenfalls zu beschränken oder einzustellen.

4) Die Spitäler und Kliniken müssen dafür sorgen, dass im ambulanten und im stationären Bereich die Versorgung mit Arzneimitteln für COVID-19-Patienten sowie für weitere medizinisch dringend angezeigte Untersuchungen und Behandlungen gewährleistet ist.

5) In den Spitalabteilungen, die infolge der COVID-19-Erkrankungen eine massive Zunahme der Arbeit erfahren, ist die Geltung der Bestimmungen des Arbeitsgesetzes betreffend die Arbeits- und Ruhezeiten so lange sistiert, wie es die ausserordentliche Lage erfordert. Zeitliche oder finanzielle Kompensationen sind aber weiterhin zu gewähren. Die Arbeitgeber sind weiterhin verantwortlich für den Schutz der Gesundheit ihrer Arbeitnehmer und müssen insbesondere dafür sorgen, dass diesen ausreichende Ruhezeiten gewährt werden.

V. Besonders gefährdete Personen

Art. 7b

Grundsatz

---

[12] Siehe für die unterschiedlichen Fassungen dieser Verordnung die jeweiligen Änderungen in der Anlage.

19

1) Besonders gefährdete Personen sollen zu Hause bleiben und Menschenansammlungen meiden. Verlassen sie das Haus, so treffen sie besondere Vorkehrungen, um die Empfehlungen der Regierung und des Amtes für Gesundheit betreffend Hygiene und sozialer Distanz einhalten zu können.

2) Als besonders gefährdete Personen gelten:

a) Personen ab 65 Jahren; und

b) Personen, die insbesondere eine der folgenden Erkrankungen aufweisen:

1. Bluthochdruck;

2. Diabetes;

3. Herz-Kreislauf-Erkrankungen;

4. chronische Atemwegserkrankungen;

5. Erkrankungen und Therapien, die das Immunsystem schwächen;

6. Krebs.

3) Die Kategorien nach Abs. 2 werden in Anhang 5 anhand medizinischer Kriterien präzisiert. Diese Liste ist nicht abschliessend. Eine klinische Beurteilung der Gefährdung im Einzelfall bleibt vorbehalten.

Art. 7c

Pflichten des Arbeitgebers betreffend Schutz der Gesundheit von besonders gefährdeten Arbeitnehmern

1) Der Arbeitgeber ermöglicht seinen besonders gefährdeten Arbeitnehmern, ihre Arbeitsverpflichtungen von zu Hause aus zu erfüllen. Er trifft zu diesem Zweck die geeigneten organisatorischen und technischen Massnahmen.

2) Ist es nicht möglich, die angestammte Arbeitsverpflichtung von zu Hause aus zu erfüllen, so weist der Arbeitgeber dem betroffenen Arbeitnehmer in Abweichung vom Arbeitsvertrag bei gleicher Entlöhnung eine gleichwertige Ersatzarbeit zu, die von zu Hause aus erledigt werden kann. Er trifft zu diesem Zweck die geeigneten organisatorischen und technischen Massnahmen.

3) Ist aus betrieblichen Gründen die Präsenz besonders gefährdeter Arbeitnehmer vor Ort ganz oder teilweise unabdingbar, so dürfen diese in ihrer

angestammten Tätigkeit vor Ort beschäftigt werden, wenn die folgenden Voraussetzungen erfüllt sind:

a) Der Arbeitsplatz ist so ausgestaltet, dass jeder enge Kontakt mit anderen Personen ausgeschlossen ist, namentlich indem ein Einzelraum oder ein klar abgegrenzter Arbeitsbereich unter Berücksichtigung des Mindestabstandes von 2 Metern zur Verfügung gestellt wird.

b) In Fällen, in denen ein enger Kontakt nicht jederzeit vermieden werden kann, werden angemessene Schutzmassnahmen nach dem STOP-Prinzip ergriffen (Substitution, technische Massnahmen, organisatorische Massnahmen, persönliche Schutzausrüstung).

4) Ist es nicht möglich, die betroffenen Arbeitnehmer nach den Abs. 1 bis 3 zu beschäftigen, so weist ihnen der Arbeitgeber in Abweichung vom Arbeitsvertrag bei gleicher Entlöhnung eine gleichwertige Ersatzarbeit vor Ort zu, bei der die Vorgaben nach Abs. 3 Bst. a und b erfüllt sind.

5) Bevor der Arbeitgeber die vorgesehenen Massnahmen trifft, hört er die betroffenen Arbeitnehmer an.

6) Der betroffene Arbeitnehmer kann die Übernahme einer ihm zugewiesenen Arbeit ablehnen, wenn der Arbeitgeber die Voraussetzungen nach den Abs. 1 bis 4 nicht erfüllt oder wenn der Arbeitnehmer die Gefahr einer Ansteckung mit dem Coronavirus trotz der vom Arbeitgeber getroffenen Massnahmen nach den Abs. 3 und 4 aus besonderen Gründen als zu hoch für sich erachtet. Der Arbeitgeber kann ein ärztliches Attest verlangen.

7) Ist es nicht möglich, die betroffenen Arbeitnehmer nach den Abs. 1 bis 4 zu beschäftigen, oder lehnen diese die zugewiesene Arbeit im Sinne von Abs. 6 ab, so stellt der Arbeitgeber sie unter Lohnfortzahlung frei.

8) Arbeitnehmer machen ihre besondere Gefährdung durch eine persönliche Erklärung geltend. Der Arbeitgeber kann ein ärztliches Attest verlangen.

Art. 7c bis

Aufgehoben[13]

---

[13] Siehe für die unterschiedlichen Fassungen dieser Verordnung die jeweiligen Änderungen in der Anlage.

Art. 7cter

Aufgehoben[14]

VI. Strafbestimmungen

Art. 7d

Vergehen und Übertretungen

1) Sofern keine schwerere strafbare Handlung nach dem Strafgesetzbuch vorliegt, wird vom Landgericht mit Freiheitsstrafe bis zu drei Jahren oder Geldstrafe bis zu 360 Tagessätzen bestraft, wer sich vorsätzlich Massnahmen nach Art. 5 widersetzt.

2) Wer gegen das Verbot von Menschenansammlungen im öffentlichen Raum nach Art. 6c verstösst, wird von der Regierung wegen Übertretung mit einer Busse bis zu 1 000 Franken bestraft.

2a) Von der Regierung wird wegen Übertretung mit einer Busse bis zu 10 000 Franken, bei fahrlässiger Tatbegehung mit einer Busse bis zu 5 000 Franken bestraft, wer:

a) gegen das Verbot von Einkaufstourismus nach Art. 3a verstösst;

abis) gegen Einschränkungen des grenzüberschreitenden Personen- und Warenverkehrs nach Art. 4 verstösst;

b) Schutzausrüstung oder wichtige medizinische Güter ausführt, ohne dass die nach Art. 4b Abs. 1 erforderliche Bewilligung vorliegt.

3) Im Verfahren nach dem Ordnungsbussengesetz können mit einer Ordnungsbusse von 100 Franken geahndet werden:

a) Verstösse gegen das Verbot von Einkaufstourismus nach Art. 3a;

abis) Verstösse gegen Einschränkungen des grenzüberschreitenden Personen- und Warenverkehrs nach Art. 4;

b) Verstösse gegen das Verbot von Menschenansammlungen im öffentlichen Raum nach Art. 6c.

---

[14] So.

22

4) Die Eidgenössische Zollverwaltung ist im Umfang ihrer Kontrollkompetenzen ermächtigt, bei Verstössen gegen die Art. 3a und 4 Ordnungsbussen zu erheben; das Ordnungsbussengesetz gilt sinngemäss. Wird die Ordnungsbusse nicht sofort bezahlt, so ist die Landespolizei beizuziehen.

VII. Schlussbestimmungen

Art. 8

Aufhebung bisherigen Rechts

Die Verordnung vom 28. Februar 2020 über Massnahmen zur Bekämpfung des Coronavirus (COVID-19), LGBl. 2020 Nr. 72, wird aufgehoben.

Art. 9

Inkrafttreten und Geltungsdauer

1) Diese Verordnung tritt am Tag der Kundmachung in Kraft.

2) Diese Verordnung gilt unter dem Vorbehalt der nachfolgenden Absätze höchstens für die Dauer von sechs Monaten ab Inkrafttreten nach Abs. 1.

2a) Art. 4a gilt bis zum 15. Juni 2020.

3) Die Art. 5 bis 7 gelten bis zum 10. Mai 2020.

4) Aufgehoben[15]

Fürstliche Regierung:

gez. Adrian Hasler

Fürstlicher Regierungschef

Anhang 1

(Art. 2 Abs. 2)

Liste der Risikoländer und -regionen

1. Alle Schengen-Staaten (ausser der Schweiz), jeweils inkl. Luftverkehr

2. Alle anderen Staaten (Luftverkehr)

---

[15] Siehe für die unterschiedlichen Fassungen dieser Verordnung die jeweiligen Änderungen in der Anlage.

Anhang 2

(Art. 4b Abs. 1)

Der Ausfuhrkontrolle unterstellte Güter

1. Schutzausrüstung

Die in diesem Anhang aufgeführte Ausrüstung entspricht den Bestimmungen der Verordnung über die Sicherheit von persönlichen Schutzausrüstungen (PSAV[16]; SR 930.115).

Kategorie	Beschreibung	Zolltarif-Nr.
Schutzbrillen und Visiere	- Schutz gegen potenziell infektiöses Material - Umschliessen der Augen und des Augenumfelds - Kompatibel mit verschiedenen Modellen von FFP-Schutzmasken mit Filter und Gesichtsmasken - Transparente Scheiben - Wiederverwendbare Artikel (können gereinigt und desinfiziert werden) und Einwegartikel	ex 3926.9000 ex 9004.9000
Gesichtsschutzschilder	- Ausrüstung zum Schutz des Gesichtsbereichs und der Schleimhäute in diesem Bereich (z.B. Augen, Nase, Mund) gegen potenziell infektiöses Material - Beinhaltet ein Visier aus transparentem Material - Beinhaltet in der Regel Vorrichtungen zur Befestigung über dem Gesicht (z.B. Bänder, Bügel) - Kann eine Mund-Nasen- Schutzausrüstung wie unten beschrieben umfassen	ex 3926.9000 ex 9020.0000

---

[16] https://www.admin.ch/opc/de/classified-compilation/20172047/index.html

	- Wiederverwendbare Artikel (können gereinigt und desinfiziert werden) und Einwegartikel	
Mund-Nasen-Schutzausrüstung	- Masken zum Schutz des Trägers vor potenziell infektiösem Material und zum Schutz der Umwelt vor vom Träger verbreitetem potenziell infektiösem Material - Kann einen Gesichtsschutzschild wie oben beschrieben umfassen - Mit oder ohne austauschbaren Filter	ex 4818.9000 ex 6307.9099 ex 9020.0000
Schutzkleidung	- Kleidungsstücke (z.B. Kittel, Anzüge) zum Schutz des Trägers vor potenziell infektiösem Material und zum Schutz der Umwelt vor vom Träger verbreitetem potenziell infektiösem Material	ex 3926.2090 ex 4015.9000 ex 4818.5000 ex 6113.0000 ex 6114 ex 6210.1000 ex 6210.2000 ex 6210.30 ex 6210.4000 ex 6210.50 ex 6211.3200 ex 6211.3300 ex 6211.3910 ex 6211.3990 ex 6211.4210 ex 6211.4290

		ex 6211.4300
		ex 6211.4910
		ex 6211.4920
		ex 6211.4990
		ex 9020.0000
Handschuhe	- Handschuhe zum Schutz des Trägers vor potenziell infektiösem Material und zum Schutz der Umwelt vor vom Träger verbreitetem potenziell infektiösem Material	ex 3926.2010
		4015.1100
		ex 4015.1900
		ex 6116.1000
		ex 6216.0010
		ex 6216.0090

2. Wichtige medizinische Güter

Kategorie	Beschreibung	Zolltarif-Nr.
Wirkstoffe bzw. Arzneimittel mit den aufgeführten Wirkstoffen	1. Propofol 2. Midazolam 3. Rocuronium Bromide 4. Atracurium Besilate 5. Cisatracurium	1. (ex 3003.9000, es 3004.9000) 2. (ex 3003.9000, ex 3004.9000) 3. (ex 3003.9000, ex 3004.9000) 4. (ex 3003.9000, ex 3004.9000) 5. (ex 3003.9000, ex 3004.9000)

Anhang 3

(Art. 4d)

Liste der wichtigen Arzneimittel, Medizinprodukte und Schutzausrüstungen
(wichtige medizinische Güter)

1. Wirkstoffe bzw. Arzneimittel mit den aufgeführten Wirkstoffen

1. Lopinavir/Ritonavir

2. Hydroxychloroquine

3. Tocilizumab

4. Remdesivir

5. Propofol

6. Midazolam

7. Ketamine

8. Dexmedetomidine

9. Etomidat

10. Sufentanil

11. Remifentanyl

12. Rocuronium Bromide

13. Atracurium Besilate

14. Suxamethonium

15. Cisatracurium

16. Noradrenalin

17. Adrenalin

18. Insulin

19. Fentanyl

20. Heparin

21. Morphin

22. Lorazepam

23. Azithromycin

24. Co-Amoxicillin

25. Piperacillin/Tazobactam

26. Meropenem

27. Imipenem/Cilastatin

28. Cefuroxim

29. Ceftriaxon

30. Amikazin

31. Posaconazol

32. Impfstoff gegen Influenza

33. Impfstoffe gegen bakterielle Pneumonie (Prevenar 13 und Pneumovax 23)

34. Medizinalgase

2. Medizinprodukte

1. Beatmungsgeräte

2. Überwachungsgeräte in der Intensivmedizin

3. In-vitro-Diagnostika ("COVID-19-Tests")

4. Chirurgische Masken / OP-Masken

5. Chirurgische Handschuhe / Untersuchungshandschuhe

6. Medizinischer Sauerstoff

7. Infusionslösungen

3. Persönliche Schutzausrüstungen und weitere Ausrüstung

1. Hygienemasken

2. Schutzmasken

3. Einweghandschuhe

4. Überschürzen

5. Schutzanzüge

6. Schutzbrillen

7. Hände-Desinfektionsmittel

8. Flächen-Desinfektionsmittel

9. Hygieneartikel in der Intensivmedizin (z.B. absorbierende Unterlagen, Windeln, Rectalkollektoren, Artikel zur Mund- und Rachenhygiene)

Anhang 4

(Art. 4l)

Liste der Wirkstoffe für die Behandlung von COVID-19

1. Hydroxychloroquine

2. Lopinavir/Ritonavir

3. Remdesivir

4. Tocilizumab i.v.in mg

Anhang 5

(Art. 7b Abs. 3)

Kategorien besonders gefährdeter Personen

1. Bluthochdruck

– Arterielle Hypertonie mit Endorganschaden

– Therapie-resistente arterielle Hypertonie

2. Herz-Kreislauf-Erkrankungen

2.1 Generelle Kriterien

– Funktionelle Klasse NYHA $\geq$ II und NT-Pro BNP > 125 pg/ml

– Patient mit $\geq$ 2 kardiovaskulären Risikofaktoren (einer davon Diabetes oder arterielle Hypertonie)

– Vorgängiger Schlaganfall und/oder symptomatische Vaskulopathie

– Chronische Niereninsuffizienz (Stadiume 3, GFR < 60 ml/min)

2.2 Andere Kriterien

2.2.1 Koronare Herzkrankheit

– ACS (STEMI und NSTEMI) in den letzten 12 Monaten

– Symptomatisches chronisches Koronarsyndrom trotz medizinischer Therapie (unabhängig von allfälliger vorheriger Revaskularisierung)

2.2.2 Erkrankung der Herzklappen

– Native Klappenstenose und/oder Regurgitation zusätzlich zu mindestens einem generellen Kriterium

– Mittelschwere oder Schwere Stenose und/oder Regurgitation

– Jeglicher chirurgischer oder perkutaner Klappenersatz

2.2.3 Herzinsuffizienz

– Patient mit funktioneller Klasse NYHA ≥ II oder NT-Pro BNP > 125 pg/ml trotz medizinischer Therapie jeglicher LVEF (HFpEF, HFmrEF, HFrEF)

– Kardiomyopathie jeglicher Ursache

– Pulmonalarterielle Hypertonie

2.2.4 Arrhythmie

– Jegliche Arrhythmie (Bradycardie/Tachycardie) zusätzlich zu einem generellen Kriterium

– Vorhofflimmern

– Vorgängige Schrittmachereinlage (inkl. ICD und/oder CRT Implantation) zusätzlich zu einem generellen Kriterium

– Vorgängige Ablation zusätzlich zu einem generellen Kriterium

2.2.5 Erwachsene mit kongenitaler Herzerkrankung

– Jegliche kongenitale Herzerkrankung

3. Chronische Atemwegserkrankungen

– Chronisch Obstruktive Lungenerkrankungen GOLD Stadium II-IV

– Lungenemphysem

– Unkontrolliertes, insbesondere schweres Asthma bronchiale

– Interstitielle Lungenerkrankungen

– Aktiver Lungenkrebs

– Pulmonalarterielle Hypertonie

– Pulmonalvaskuläre Erkrankung

– Aktive Sarkoidose

– Zystische Fibrose

– Chronische Lungeninfektionen (atypische Mykobakteriosen, Bronchiektasen etc.)

– Beatmete Patienten

– Schlafapnoe bei Vorhandensein weiterer Risikofaktoren (z.b. Adipositas)

4. Diabetes

– Diabetes mellitus, mit Spätkomplikationen oder einem HbA1c von > 8 %

5. Erkrankungen/Therapien, die das Immunsystem schwächen

– Schwere Immunsuppression (z.b. CD4+ < 200 µl)

– Neutropenie $\geq$ 1 Woche

– Lymphozytopenie < 0.2 x 109/L

– Hereditäre Immundefekte

– Einnahme von Medikamenten, die die Immunabwehr unterdrücken (wie z.B. Langzeit-Einnahme von Glukokortikoide, monoklonale Antikörper, Zytostatika, etc.)

– Aggressive Lymphome (alle Entitäten)

– Akute Lymphatische Leukämie

– Akute Myeloische Leukämie

– Akute Promyelozytenleukämie

31

- T-Prolymphozytenleukämie

- Primäre Lymphome des zentralen Nervensystems

- Stammzelltransplantation

- Amyloidose (Leichtketten (AL)-Amyloidose)

- Aplastische Anämie unter immunsuppressiver Therapie

- Chronische Lymphatische Leukämie

- Asplenie/Splenektomie

- Multiples Myelom

- Sichelzellkrankheit

6. Krebs

- Krebs unter medizinischer Behandlung

Verordnung

vom 24. April 2020

betreffend die Abänderung der Verordnung über Massnahmen zur Bekämpfung des Coronavirus (COVID-19)

Aufgrund von Art. 40 und in Übereinstimmung mit Art. 7 des Bundesgesetzes vom 28. September 2012 über die Bekämpfung übertragbarer Krankheiten des Menschen (Epidemiengesetz, EpG), SR 818.101, Art. 65 des Gesundheitsgesetzes (GesG) vom 13. Dezember 2007, LGBl. 2008 Nr. 30, Art. 28 und 33 des Abkommens vom 2. Mai 1992 über den Europäischen Wirtschaftsraum, LGBl. 1995 Nr. 68, sowie Art. 28 der Verordnung (EU) 2016/399 des Europäischen Parlaments und des Rates vom 9. März 2016 über einen Gemeinschaftskodex für das Überschreiten der Grenzen durch Personen (Schengener Grenzkodex)1, LGBl. 2016 Nr. 328, verordnet die Regierung:

Verordnung über Massnahmen zur Bekämpfung des Coronavirus

I.

Abänderung bisherigen Rechts

Die Verordnung vom 13. März 2020 über Massnahmen zur Bekämpfung des Coronavirus (←COVID→-19), LGBl. 2020 Nr. 94, in der geltenden Fassung, wird wie folgt abgeändert:

Art. 7a Sachüberschrift sowie Abs. 1 bis 4

Spitäler und Kliniken

1) Aufgehoben

2) Das Land stellt sicher, dass in Spitälern und Kliniken im stationären Bereich für ←COVID→-19-Patienten sowie für weitere medizinisch dringend angezeigte Untersuchungen und Behandlungen ausreichende Kapazitäten (namentlich Betten und Fachpersonal) zur Verfügung stehen, insbesondere in den Abteilungen der Intensivpflege und der Allgemeinen Inneren Medizin.

3) Die Spitäler und Kliniken sind zu diesem Zweck verpflichtet:

a) ihre Kapazitäten im stationären Bereich zur Verfügung zu stellen oder auf Abruf bereitzuhalten; und

b) medizinisch nicht dringend angezeigte Untersuchungen und Behandlungen erforderlichenfalls zu beschränken oder einzustellen.

4) Die Spitäler und Kliniken müssen dafür sorgen, dass im ambulanten und im stationären Bereich die Versorgung mit Arzneimitteln für ←COVID-19-Patienten sowie für weitere medizinisch dringend angezeigte Untersuchungen und Behandlungen gewährleistet ist.

II.

Inkrafttreten

Diese Verordnung tritt am 27. April 2020 in Kraft.

Verordnung

vom 22. April 2020

betreffend die Abänderung der Verordnung über Massnahmen zur Bekämpfung des Coronavirus (COVID-19)

Aufgrund von Art. 40 und in Übereinstimmung mit Art. 7 des Bundesgesetzes vom 28. September 2012 über die Bekämpfung übertragbarer Krankheiten des Menschen (Epidemiengesetz, EpG), SR 818.101, Art. 65 des Gesundheitsgesetzes (GesG) vom 13. Dezember 2007, LGBl. 2008 Nr. 30, Art. 28 und 33 des Abkommens vom 2. Mai 1992 über den Europäischen Wirtschaftsraum, LGBl. 1995 Nr. 68, sowie Art. 28 der Verordnung (EU) 2016/399 des Europäischen Parlaments und des Rates vom 9. März 2016 über einen Gemeinschaftskodex für das Überschreiten der Grenzen durch Personen (Schengener Grenzkodex)1, LGBl. 2016 Nr. 328, verordnet die Regierung:

I.

Abänderung bisherigen Rechts

Die Verordnung vom 13. März 2020 über Massnahmen zur Bekämpfung des Coronavirus (←COVID-19), LGBl. 2020 Nr. 94, in der geltenden Fassung, wird wie folgt abgeändert:

Art. 5a

Bildungs- und Kinderbetreuungseinrichtungen

1) Präsenzveranstaltungen an allen öffentlichen und privaten Bildungseinrichtungen sind verboten.

2) Prüfungen, für die bereits vor dem 19. März 2020 ein Termin festgelegt wurde, dürfen zum festgelegten Termin oder - sofern dieser verschoben werden muss - zum neuen Termin unter Einhaltung der Empfehlungen der Regierung und des Amtes für Gesundheit betreffend Hygiene und sozialer Distanz durchgeführt werden.

3) Ausserhäusliche Kinderbetreuungseinrichtungen und Spielgruppen mit Ausnahme der Tagesfamilienorganisationen sind geschlossen.

4) Besonders gefährdete Personen dürfen für die Betreuung von Kindern nicht eingebunden werden.

II.

Inkrafttreten

Diese Verordnung tritt am Tag der Kundmachung in Kraft.

Verordnung

vom 17. April 2020

betreffend die Abänderung der Verordnung über Massnahmen zur Bekämpfung des Coronavirus (COVID-19)

Aufgrund von Art. 40 und in Übereinstimmung mit Art. 7 und 41 des Bundesgesetzes vom 28. September 2012 über die Bekämpfung übertragbarer Krankheiten des Menschen (Epidemiengesetz, EpG), SR 818.101, Art. 65 des Gesundheitsgesetzes (GesG) vom 13. Dezember 2007, LGBl. 2008 Nr. 30, Art. 28 und 33 des Abkommens vom 2. Mai 1992 über den Europäischen Wirtschaftsraum, LGBl. 1995 Nr. 68, sowie Art. 28 der Verordnung (EU) 2016/399 des Europäischen Parlaments und des Rates vom 9. März 2016 über einen Gemeinschaftskodex für das Überschreiten der Grenzen durch Personen (Schengener Grenzkodex)1, LGBl. 2016 Nr. 328, verordnet die Regierung:

I.

Abänderung bisherigen Rechts

Die Verordnung vom 13. März 2020 über Massnahmen zur Bekämpfung des Coronavirus (COVID-19), LGBl. 2020 Nr. 94, in der geltenden Fassung, wird wie folgt abgeändert:

Art. 2 Abs. 1 Bst. a

2) Um die Kapazitäten zur Bewältigung der ←COVID-19-Epidemie im Inland aufrechtzuerhalten und um insbesondere die Bedingungen für eine ausreichende Versorgung der Bevölkerung mit Pflege und Heilmitteln zu gewährleisten, müssen insbesondere folgende Massnahmen getroffen werden:

a) Massnahmen zur Einschränkung der Einreise von Personen aus Risikoländern oder -regionen sowie der Ein- und Ausfuhr von Waren;

Art. 3 Abs. 2

2) Die betreffenden Personen müssen glaubhaft machen, dass sie eine der obengenannten Voraussetzungen erfüllen. Die zuständige schweizerische Behörde erlässt hierzu Weisungen.

Art. 3a

Verbot von Einkaufstourismus

Die Einfuhr von Waren über einen terrestrischen Grenzübergang aus einem Nachbarstaat, der ein Risikoland ist, ist verboten, wenn diese im Rahmen einer Reise erworben worden sind, die ausschliesslich dem Einkaufstourismus gedient hat.

Art. 4

Einschränkung des grenzüberschreitenden Personen- und Warenverkehrs

Für den grenzüberschreitenden Personen- und Warenverkehr aus Risikoländern oder -regionen gelten die Einschränkungen der zuständigen schweizerischen Behörden.

Art. 5 Abs. 2 Bst. a, c und e sowie Abs. 3 Einleitungssatz, Bst. a, m, p und q

2) Öffentlich zugängliche Einrichtungen sind für das Publikum geschlossen, namentlich:

a) Aufgehoben

c) Barbetriebe sowie Diskotheken, Nachtclubs, Erotikbetriebe und Angebote der Prostitution, einschliesslich solcher in privaten Räumlichkeiten;

e) Aufgehoben

3) Abs. 1 und 2 gelten nicht für folgende Einrichtungen und Veranstaltungen, sofern sie über ein Schutzkonzept nach Art. 5a verfügen:

a) Einkaufsläden und Märkte;

m) Bestattungen im Familienkreis;

p) Betriebe mit personenbezogenen Dienstleistungen mit Körperkontakt wie Coiffeure, Massagen, Tattoo-Studios und Kosmetik;

q) Einrichtungen zur Selbstbedienung wie Solarien, Autowaschanlagen oder Blumenfelder.

Art. 5a

Schutzkonzept

1) Betreiber von Einrichtungen und Organisatoren von Veranstaltungen nach Art. 5 Abs. 3 müssen durch die Erarbeitung und Umsetzung eines Schutzkonzepts gewährleisten, dass das Übertragungsrisiko minimiert wird für:

a) Kunden, Besucher und Teilnehmer; und

b) die im Betrieb oder an der Veranstaltung tätigen Personen.

2) Das Amt für Gesundheit legt in Zusammenarbeit mit dem Amt für Volkswirtschaft die gesundheits- und arbeitsrechtlichen Vorgaben bezüglich der Schutzkonzepte fest.

3) Die Branchen- oder Berufsverbände erarbeiten nach Möglichkeit branchenbezogene Grobkonzepte, welche die Vorgaben nach Abs. 2 beachten. Sie hören hierzu die Sozialpartner an.

4) Die Betreiber und Organisatoren stützen ihre Schutzkonzepte vorzugsweise auf die Grobkonzepte ihrer Branche nach Abs. 3 ab oder direkt auf die Vorgaben nach Abs. 2.

5) Die zuständigen Vollzugsorgane schliessen einzelne Einrichtungen oder verbieten einzelne Veranstaltungen, falls kein ausreichendes Schutzkonzept vorliegt oder dieses nicht eingehalten wird.

Art. 5b

Der bisherige Art. 5a wird zu Art. 5b.

Art. 7 Abs. 4

4) Die Durchführung von Kontrollen und damit zusammenhängende Amtshandlungen der zuständigen Vollzugsorgane sind gebührenfrei, sofern solche Kontrollen oder Amtshandlungen nicht mutwillig verursacht, behindert oder erschwert werden.

Art. 7b Abs. 1 und 3

1) Besonders gefährdete Personen sollen zu Hause bleiben und Menschenansammlungen meiden. Verlassen sie das Haus, so treffen sie besondere Vorkehrungen, um die Empfehlungen der Regierung und des Amtes für Gesundheit betreffend Hygiene und sozialer Distanz einhalten zu können.

3) Die Kategorien nach Abs. 2 werden in Anhang 5 anhand medizinischer Kriterien präzisiert. Diese Liste ist nicht abschliessend. Eine klinische Beurteilung der Gefährdung im Einzelfall bleibt vorbehalten.

Art. 7c

Pflichten des Arbeitgebers betreffend Schutz der Gesundheit von besonders gefährdeten Arbeitnehmern

1) Der Arbeitgeber ermöglicht seinen besonders gefährdeten Arbeitnehmern, ihre Arbeitsverpflichtungen von zu Hause aus zu erfüllen. Er trifft zu diesem Zweck die geeigneten organisatorischen und technischen Massnahmen.

2) Ist es nicht möglich, die angestammte Arbeitsverpflichtung von zu Hause aus zu erfüllen, so weist der Arbeitgeber dem betroffenen Arbeitnehmer in Abweichung vom Arbeitsvertrag bei gleicher Entlöhnung eine gleichwertige Ersatzarbeit zu, die von zu Hause aus erledigt werden kann. Er trifft zu diesem Zweck die geeigneten organisatorischen und technischen Massnahmen.

3) Ist aus betrieblichen Gründen die Präsenz besonders gefährdeter Arbeitnehmer vor Ort ganz oder teilweise unabdingbar, so dürfen diese in ihrer angestammten Tätigkeit vor Ort beschäftigt werden, wenn die folgenden Voraussetzungen erfüllt sind:

a) Der Arbeitsplatz ist so ausgestaltet, dass jeder enge Kontakt mit anderen Personen ausgeschlossen ist, namentlich indem ein Einzelraum oder ein klar abgegrenzter Arbeitsbereich unter Berücksichtigung des Mindestabstandes von 2 Metern zur Verfügung gestellt wird.

b) In Fällen, in denen ein enger Kontakt nicht jederzeit vermieden werden kann, werden angemessene Schutzmassnahmen nach dem STOP-Prinzip ergriffen (Substitution, technische Massnahmen, organisatorische Massnahmen, persönliche Schutzausrüstung).

4) Ist es nicht möglich, die betroffenen Arbeitnehmer nach den Abs. 1 bis 3 zu beschäftigen, so weist ihnen der Arbeitgeber in Abweichung vom Arbeitsvertrag bei gleicher Entlöhnung eine gleichwertige Ersatzarbeit vor Ort zu, bei der die Vorgaben nach Abs. 3 Bst. a und b erfüllt sind.

5) Bevor der Arbeitgeber die vorgesehenen Massnahmen trifft, hört er die betroffenen Arbeitnehmer an.

6) Der betroffene Arbeitnehmer kann die Übernahme einer ihm zugewiesenen Arbeit ablehnen, wenn der Arbeitgeber die Voraussetzungen nach den Abs. 1 bis 4 nicht erfüllt oder wenn der Arbeitnehmer die Gefahr einer Ansteckung mit dem Coronavirus trotz der vom Arbeitgeber getroffenen Massnahmen nach den Abs. 3 und 4 aus besonderen Gründen als zu hoch für sich erachtet. Der Arbeitgeber kann ein ärztliches Attest verlangen.

7) Ist es nicht möglich, die betroffenen Arbeitnehmer nach den Abs. 1 bis 4 zu beschäftigen, oder lehnen diese die zugewiesene Arbeit im Sinne von Abs. 6 ab, so stellt der Arbeitgeber sie unter Lohnfortzahlung frei.

8) Arbeitnehmer machen ihre besondere Gefährdung durch eine persönliche Erklärung geltend. Der Arbeitgeber kann ein ärztliches Attest verlangen.

Art. 7d Abs. 2a Bst. a und abis, Abs. 3 Bst. a und abis sowie Abs. 4

2a) Von der Regierung wird wegen Übertretung mit einer Busse bis zu 10 000 Franken, bei fahrlässiger Tatbegehung mit einer Busse bis zu 5 000 Franken bestraft, wer:

a) gegen das Verbot von Einkaufstourismus nach Art. 3a verstösst;

abis) gegen Einschränkungen des grenzüberschreitenden Personen- und Warenverkehrs nach Art. 4 verstösst;

3) Im Verfahren nach dem Ordnungsbussengesetz können mit einer Ordnungsbusse von 100 Franken geahndet werden:

a) Verstösse gegen das Verbot von Einkaufstourismus nach Art. 3a;

abis) Verstösse gegen Einschränkungen des grenzüberschreitenden Personen- und Warenverkehrs nach Art. 4;

4) Die Eidgenössische Zollverwaltung ist im Umfang ihrer Kontrollkompetenzen ermächtigt, bei Verstössen gegen die Art. 3a und 4 Ordnungsbussen zu erheben; das Ordnungsbussengesetz gilt sinngemäss. Wird die Ordnungsbusse nicht sofort bezahlt, so ist die Landespolizei beizuziehen.

Art. 9 Abs. 3 und 4

3) Die Art. 5 bis 7 gelten bis zum 10. Mai 2020.

4) Aufgehoben

Anhang 5

Es wird folgender Anhang hinzugefügt:

Anhang 5

(Art. 7b Abs. 3)

Kategorien besonders gefährdeter Personen

…

II.

Inkrafttreten

1) Diese Verordnung tritt vorbehaltlich Abs. 2 am Tag der Kundmachung in Kraft.

2) Art. 5 Abs. 2 Bst. a, c und e sowie Abs. 3 Einleitungssatz, Bst. a, m, p und q, Art. 5a, 5b sowie Art. 9 Abs. 3 und 4 treten am 27. April 2020 in Kraft.

Verordnung

vom 14. April 2020

betreffend die Abänderung der Verordnung über Massnahmen zur Bekämpfung des Coronavirus (COVID-19)

Aufgrund von Art. 40 und in Übereinstimmung mit Art. 7 des Bundesgesetzes vom 28. September 2012 über die Bekämpfung übertragbarer Krankheiten des Menschen (Epidemiengesetz, EpG), SR 818.101, Art. 65 des Gesundheitsgesetzes (GesG) vom 13. Dezember 2007, LGBl. 2008 Nr. 30, Art. 28 und 33 des Abkommens vom 2. Mai 1992 über den Europäischen Wirtschaftsraum, LGBl. 1995 Nr. 68, sowie Art. 28 der Verordnung (EU) 2016/399 des Europäischen Parlaments und des Rates vom 9. März 2016 über einen Gemeinschaftskodex für das Überschreiten der Grenzen durch Personen (Schengener Grenzkodex)1, LGBl. 2016 Nr. 328, verordnet die Regierung:

I.

Abänderung bisherigen Rechts

Die Verordnung vom 13. März 2020 über Massnahmen zur Bekämpfung des Coronavirus (←COVID-19), LGBl. 2020 Nr. 94, in der geltenden Fassung, wird wie folgt abgeändert:

Art. 5b

Aufgehoben

Art. 9 Abs. 3

3) Die Art. 5 und 6 bis 7 sowie Art. 7d Abs. 1, 2 und 3 Bst. b gelten bis zum 30. April 2020.

II.

Inkrafttreten

Diese Verordnung tritt am Tag der Kundmachung in Kraft.

Verordnung

vom 9. April 2020

betreffend die Abänderung der Verordnung über Massnahmen zur Bekämpfung des Coronavirus (COVID-19)

Aufgrund von Art. 40 und in Übereinstimmung mit Art. 7 und 41 des Bundesgesetzes vom 28. September 2012 über die Bekämpfung übertragbarer Krankheiten des Menschen (Epidemiengesetz, EpG), SR 818.101, Art. 65 des Gesundheitsgesetzes (GesG) vom 13. Dezember 2007, LGBl. 2008 Nr. 30, Art. 28 und 33 des Abkommens vom 2. Mai 1992 über den Europäischen Wirtschaftsraum, LGBl. 1995 Nr. 68, sowie Art. 28 der Verordnung (EU) 2016/399 des Europäischen Parlaments und des Rates vom 9. März 2016 über einen Gemeinschaftskodex für das Überschreiten der Grenzen durch Personen (Schengener Grenzkodex)1, LGBl. 2016 Nr. 328, verordnet die Regierung:

I.

Abänderung bisherigen Rechts

Die Verordnung vom 13. März 2020 über Massnahmen zur Bekämpfung des Coronavirus (←COVID-19), LGBl. 2020 Nr. 94, in der geltenden Fassung, wird wie folgt abgeändert:

Art. 7d Abs. 2a Bst. a, Abs. 3 Bst. a und Abs. 4

2a) Von der Regierung wird wegen Übertretung mit einer Busse bis zu 10 000 Franken, bei fahrlässiger Tatbegehung mit einer Busse bis zu 5 000 Franken bestraft, wer:

a) gegen Einschränkungen des grenzüberschreitenden Personenverkehrs nach Art. 4 verstösst;

3) Im Verfahren nach dem Ordnungsbussengesetz können mit einer Ordnungsbusse von 100 Franken geahndet werden:

a) Verstösse gegen Einschränkungen des grenzüberschreitenden Personenverkehrs nach Art. 4;

4) Die Eidgenössische Zollverwaltung ist im Umfang ihrer Kontrollkompetenzen ermächtigt, bei Verstössen gegen Einschränkungen des grenzüberschrei-

tenden Personenverkehrs nach Art. 4 Ordnungsbussen zu erheben; das Ordnungsbussengesetz gilt sinngemäss. Wird die Ordnungsbusse nicht sofort bezahlt, so ist die Landespolizei beizuziehen.

II.

Inkrafttreten

Diese Verordnung tritt am Tag der Kundmachung in Kraft.

Verordnung

vom 7. April 2020

betreffend die Abänderung der Verordnung über Massnahmen zur Bekämpfung des Coronavirus (COVID-19)

Aufgrund von Art. 40 und in Übereinstimmung mit Art. 7 des Bundesgesetzes vom 28. September 2012 über die Bekämpfung übertragbarer Krankheiten des Menschen (Epidemiengesetz, EpG), SR 818.101, Art. 65 des Gesundheitsgesetzes (GesG) vom 13. Dezember 2007, LGBl. 2008 Nr. 30, Art. 28 und 33 des Abkommens vom 2. Mai 1992 über den Europäischen Wirtschaftsraum, LGBl. 1995 Nr. 68, sowie Art. 28 der Verordnung (EU) 2016/399 des Europäischen Parlaments und des Rates vom 9. März 2016 über einen Gemeinschaftskodex für das Überschreiten der Grenzen durch Personen (Schengener Grenzkodex)1, LGBl. 2016 Nr. 328, verordnet die Regierung:

I.

Abänderung bisherigen Rechts

Die Verordnung vom 13. März 2020 über Massnahmen zur Bekämpfung des Coronavirus (←COVID→-19), LGBl. 2020 Nr. 94, in der geltenden Fassung, wird wie folgt abgeändert:

Art. 2 Abs. 1 Bst. c

1) Um die Kapazitäten zur Bewältigung der ←COVID→-19-Epidemie im Inland aufrechtzuerhalten und um insbesondere die Bedingungen für eine ausreichende Versorgung der Bevölkerung mit Pflege und Heilmitteln zu gewährleisten, müssen insbesondere folgende Massnahmen getroffen werden:

c) Massnahmen zur Sicherstellung der Versorgung mit wichtigen medizinischen Gütern.

Art. 4b Abs. 1 und 2 Einleitungssatz

1) Für die Ausfuhr der in Anhang 2 aufgeführten Schutzausrüstung und wichtigen medizinischen Güter aus dem liechtensteinisch-schweizerischen Zollgebiet ist eine Bewilligung des Staatssekretariats für Wirtschaft (SECO) erforderlich, gegebenenfalls zusätzlich zur erforderlichen Bewilligung nach dem Heilmittel- und dem Betäubungsmittelrecht.

2) Abs. 1 findet keine Anwendung auf die Ausfuhr von Schutzausrüstung und von wichtigen medizinischen Gütern:

Art. 4c Abs. 4 und 5

4) Eine Bewilligung wird erteilt, wenn der Bedarf an Schutzausrüstung und wichtigen medizinischen Gütern nach Anhang 2 für Gesundheitseinrichtungen, weiteres medizinisches Personal, Patienten, den Bevölkerungs- und Zivilschutz sowie Behörden und Organisationen für Rettung und Sicherheit in Liechtenstein oder in der Schweiz genügend abgedeckt ist.

5) Das SECO hört vor seinem Entscheid die zuständigen liechtensteinischen oder schweizerischen Behörden an. Die zuständigen Stellen geben insbesondere bekannt, welche Menge an Schutzausrüstung oder wichtigen medizinischen Gütern im Rahmen der Meldepflicht nach Art. 4e Abs. 2 bis 4 gemeldet wurde.

Überschrift vor Art. 4d

D. Versorgung mit wichtigen medizinischen Gütern

Art. 4d

Begriff

Als wichtige und zur Verhütung und Bekämpfung des Coronavirus (COVID-19) dringend benötigte Arzneimittel, Medizinprodukte und Schutzausrüstungen (wichtige medizinische Güter) gelten die Güter, die in den Listen in Anhang 3 aufgeführt sind.

Art. 4e

Meldepflicht

1) Die zuständige liechtensteinische Behörde ist verpflichtet, dem Koordinierten Sanitätsdienst (KSD) die aktuellen Bestände der wichtigen medizinischen Güter in den inländischen Gesundheitseinrichtungen regelmässig zu melden. Die Abs. 2 und 3 bleiben vorbehalten.

2) Das Amt für Gesundheit, die Spitäler sowie die Hersteller und die Vertreiber von Arzneimitteln sind verpflichtet, dem Fachbereich Heilmittel der Organisation der wirtschaftlichen Landesversorgung regelmässig die aktuellen Bestände bestimmter Arzneimittel nach Anhang 3 Ziff. 1 zu melden.

3) Laboratorien sowie Hersteller und Vertreiber von In-vitro-Diagnostika ("←COVID→-19-Tests") sind verpflichtet, dem Labor Spiez die aktuellen Bestände solcher Tests regelmässig zu melden.

4) Der KSD kann bei Unternehmen, die wichtige medizinische Güter lagern, Angaben zu den Beständen einfordern.

Art. 4f

Beschaffung von wichtigen medizinischen Gütern

1) Zur Unterstützung der Versorgung der Kantone (einschliesslich Liechtensteins) und ihrer Gesundheitseinrichtungen, von gemeinnützigen Organisationen (z.B. Liechtensteinisches oder Schweizerisches Rotes Kreuz) und von Dritten (z.B. Labors, Apotheken) können wichtige medizinische Güter beschafft werden, falls über die normalen Beschaffungskanäle der Bedarf nicht gedeckt werden kann.

2) Die fehlenden wichtigen medizinischen Güter werden auf der Grundlage der nach Art. 4e übermittelten Daten bestimmt.

3) Für die Beschaffung von wichtigen medizinischen Gütern nach Abs. 1 sind im Auftrag des Bundesamtes für Gesundheit (BAG) zuständig:

a) für Medizinprodukte und Schutzausrüstungen: die Armeeapotheke;

b) für Arzneimittel: das BAG im Einvernehmen mit dem Fachbereich Heilmittel der Organisation der wirtschaftlichen Landesversorgung.

4) Die zuständigen Behörden können Dritte mit der Beschaffung von wichtigen medizinischen Gütern beauftragen.

Art. 4g

Zuteilung von wichtigen medizinischen Gütern

1) Die zuständige liechtensteinische Behörde stellt bei Bedarf Zuteilungsgesuche an den KSD.

2) Die Zuteilung erfolgt laufend aufgrund der Versorgungslage und der aktuellen Fallzahlen in den jeweiligen Kantonen (einschliesslich Liechtensteins).

3) Der KSD kann im Einvernehmen mit dem BAG und dem Fachbereich Heilmittel der Organisation der wirtschaftlichen Landesversorgung wichtige medizinische Güter an die Kantone (einschliesslich Liechtensteins), an gemeinnützige Organisationen sowie an Dritte zuteilen.

4) Für die Zuteilung von In-vitro-Diagnostika ("←COVID→-19-Tests") ist das Labor Spiez im Einvernehmen mit dem BAG zuständig. Die Zuteilung erfolgt für alle in Liechtenstein und in der Schweiz vorhandenen Tests.

Art. 4h

Lieferung und Verteilung von wichtigen medizinischen Gütern

1) Die zuständigen schweizerischen Behörden oder die von ihnen beauftragten Dritten sorgen für die Lieferung der nach Art. 4f beschafften wichtigen medizinischen Güter an eine zentrale inländische Anlieferstelle. In Ausnahmefällen können die zuständigen schweizerischen Behörden in Absprache mit der zuständigen liechtensteinischen Behörde anspruchsberechtigte Einrichtungen und Organisationen direkt beliefern.

2) Die zuständigen liechtensteinischen Behörden bezeichnen für Güter, die nicht direkt an die Empfänger geliefert werden, inländische Anlieferstellen und melden diese den zuständigen schweizerischen Behörden.

3) Die zuständigen liechtensteinischen Behörden sorgen bei Bedarf für die rechtzeitige Weiterverteilung der angelieferten wichtigen medizinischen Güter in Liechtenstein.

Art. 4i

Kosten

1) Die Kosten für die Beschaffung wichtiger medizinischer Güter werden von der Schweiz vorfinanziert, soweit sie die Güter beschafft.

2) Das Land, die gemeinnützigen Organisationen sowie Dritte erstatten der Schweiz so rasch wie möglich die Einkaufskosten für die ihnen gelieferten wichtigen medizinischen Güter, deren Beschaffung die Schweiz nach Art. 4f Abs. 1 übernommen hat.

3) Das Land trägt die Kosten für:

a) die Lieferung der beschafften wichtigen medizinischen Güter nach Liechtenstein;

b) die Weiterverteilung dieser wichtigen medizinischen Güter im Inland.

Art. 4j

Einziehung

1) Kann die Versorgung mit wichtigen medizinischen Gütern nach Art. 4f nicht gewährleistet werden, so kann die zuständige schweizerische Behörde nach Rücksprache mit der Regierung das Land oder öffentliche Gesundheitseinrichtungen, die über ausreichende Lagerbestände der Arzneimittel nach Anhang 3 Ziff. 1 verfügen, verpflichten, Teile ihrer Lagerbestände an bestimmte Kantone oder Gesundheitseinrichtungen zu liefern. Die Kosten der Lieferung und der Güter werden vom Land bzw. von den Gesundheitseinrichtungen zum Einkaufspreis direkt an den Empfänger verrechnet.

2) Unter der Voraussetzung von Abs. 1 kann die zuständige schweizerische Behörde nach Rücksprache mit der Regierung in Unternehmen vorhandene wichtige medizinische Güter einziehen lassen. Die Schweiz richtet eine Entschädigung zum Einkaufspreis aus.

Art. 4k

Herstellung

1) Kann die Versorgung mit wichtigen medizinischen Gütern nach Art. 4f anderweitig nicht gewährleistet werden, so kann die Regierung Hersteller

verpflichten, wichtige medizinische Güter herzustellen, die Produktion solcher Güter zu priorisieren oder die Produktionsmengen zu erhöhen.

2) An Produktionen nach Abs. 1 können staatliche Beiträge geleistet werden, sofern die Hersteller infolge der Produktionsumstellung oder der Stornierung privater Aufträge finanzielle Nachteile erleiden.

Art. 4l

Ausnahmen von der Zulassungspflicht für Arzneimittel

1) Arzneimittel, die mit Wirkstoffen nach Anhang 4 für die Behandlung von COVID-19-Patienten hergestellt werden, dürfen nach Einreichung eines Zulassungsgesuchs für ein Arzneimittel mit einem dieser Wirkstoffe bis zum Zulassungsentscheid der Swissmedic ohne Zulassung in Verkehr gebracht werden. Die Swissmedic kann im Rahmen der Prüfung von Zulassungsgesuchen auf der Grundlage einer Nutzen-/Risiko-Analyse bei diesen Arzneimitteln Abweichungen von den geltenden heilmittelrechtlichen Vorgaben bewilligen.

2) Änderungen der Zulassung eines im liechtensteinisch-schweizerischen Zollgebiet zugelassenen Arzneimittels mit einem Wirkstoff nach Anhang 3 Ziff. 1, der zur Verhütung und Bekämpfung des Coronavirus im liechtensteinisch-schweizerischen Zollgebiet eingesetzt wird, dürfen nach Einreichung eines entsprechenden Änderungsgesuchs sofort umgesetzt werden. Die Swissmedic kann auf der Grundlage einer Nutzen-/Risiko-Analyse bei diesen Änderungen Abweichungen von den geltenden heilmittelrechtlichen Vorgaben bewilligen.

3) Die Swissmedic kann auf der Grundlage einer Nutzen-/Risiko-Analyse bei Arzneimitteln zur Verhütung und Bekämpfung des Coronavirus im liechtensteinisch-schweizerischen Zollgebiet Abweichungen von dem im Rahmen der Zulassung genehmigten Herstellungsprozess bewilligen. Sie legt Kriterien fest, unter denen die fachtechnisch verantwortliche Person eine vorzeitige Marktfreigabe für Arzneimittel zur Verhütung und Bekämpfung des Coronavirus im liechtensteinisch-schweizerischen Zollgebiet erteilen kann.

Art. 4m

Ausnahmen von den Bestimmungen für die Einfuhr von Arzneimitteln

1) Apotheker, die in einer Spitalapotheke die pharmazeutische Verantwortung innehaben, dürfen nicht zugelassene Arzneimittel mit Wirkstoffen nach Anhang 4 für die Behandlung von ←COVID→-19-Patienten einführen. Mit der

Einfuhr solcher Arzneimittel kann ein Betrieb mit Grosshandels- oder Einfuhrbewilligung beauftragt werden.

2) Die Einfuhr ist der Swissmedic innerhalb von 10 Tagen nach Wareneingang zu melden.

3) Zur Verhütung und Bekämpfung des Coronavirus im liechtensteinisch-schweizerischen Zollgebiet kann die Swissmedic das zeitlich begrenzte Inverkehrbringen eines Arzneimittels als Überbrückung einer temporären Nichtverfügbarkeit eines identischen, im liechtensteinisch-schweizerischen Zollgebiet zugelassenen Arzneimittels bewilligen, sofern im liechtensteinisch-schweizerischen Zollgebiet kein im Wesentlichen gleiches Arzneimittel zugelassen und verfügbar ist.

Art. 4n

Ausnahmen für Medizinprodukte

1) Die Swissmedic kann auf Gesuch hin das Inverkehrbringen und die Inbetriebnahme von Medizinprodukten, für die kein Konformitätsbewertungsverfahren nach Art. 10 der Medizinprodukteverordnung (MepV; SR 812.213) durchgeführt wurde, bewilligen, wenn deren Verwendung zur Verhütung und Bekämpfung des Coronavirus im liechtensteinisch-schweizerischen Zollgebiet im Interesse der öffentlichen Gesundheit oder der Patientensicherheit oder - gesundheit liegt und unter Berücksichtigung ihrer Zweckbestimmung die Erfüllung der grundlegenden Anforderungen sowie die Wirksamkeit und Leistung ausreichend nachgewiesen wird.

2) Im Rahmen der Risikoabwägung nach Abs. 1 berücksichtigt die Swissmedic insbesondere den durch das BAG ausgewiesenen Beschaffungsbedarf zur Verhütung und Bekämpfung des Coronavirus im liechtensteinisch-schweizerischen Zollgebiet.

3) Die Bewilligungserteilung wird gegenüber dem Liechtensteiner oder Schweizer Inverkehrbringer oder der gesuchstellenden Institution oder Gesundheitseinrichtung verfügt. Sie kann befristet werden und unter Auflagen oder Bedingungen erfolgen.

4) Die Pflichten zur Produktebeobachtung nach der MepV, insbesondere die Sammel- und Meldepflichten betreffend schwerwiegende Vorkommnisse, gelten weiterhin.

Art. 4o

Ausnahmen für persönliche Schutzausrüstungen

1) Für die Schutzausrüstungen nach Anhang 3 Ziff. 3, die im liechtensteinisch-schweizerischen Zollgebiet hergestellt und in Verkehr gebracht werden oder die in das liechtensteinisch-schweizerische Zollgebiet eingeführt und hier in Verkehr gebracht werden, kann von den Grundsätzen und Verfahren für die Konformitätsbewertung nach Art. 3 Abs. 2 der Verordnung über die Sicherheit von persönlichen Schutzausrüstungen (PSAV; SR 930.115) abgewichen werden, wenn ihre Verwendung zur Verhütung und Bekämpfung des Coronavirus im liechtensteinisch-schweizerischen Zollgebiet im Interesse der öffentlichen Gesundheit oder der Patientensicherheit oder -gesundheit liegt.

2) Abweichungen nach Abs. 1 sind zulässig, sofern ein angemessenes Sicherheitsniveau im Hinblick auf die geltenden rechtlichen Anforderungen gemäss PSAV gewährleistet ist und die Herstellung erfolgt nach:

a) einer harmonisierten europäischen Norm mit ausstehendem Konformitätsbewertungsverfahren;

b) einer in den WHO-Richtlinien genannten Norm; oder

c) einer anderen, nicht-europäischen Norm oder einer anderen technischen Lösung.

3) Die zuständigen Kontrollorgane überprüfen und genehmigen spezifische technische Lösungen nach Abs. 2.

Art. 7d Abs. 2a Bst. b

2a) Von der Regierung wird wegen Übertretung mit einer Busse bis zu 10 000 Franken, bei fahrlässiger Tatbegehung mit einer Busse bis zu 5 000 Franken bestraft, wer:

b) Schutzausrüstung oder wichtige medizinische Güter ausführt, ohne dass die nach Art. 4b Abs. 1 erforderliche Bewilligung vorliegt.

Anhänge 2 bis 4

Der bisherige Anhang 2 wird durch nachfolgenden Anhang 2 ersetzt und es werden neu die Anhänge 3 und 4 hinzugefügt:

Anhang 2

(Art. 4b Abs. 1)

... *[Schutzausrüstung]*

Anhang 4

(Art. 4l)

Liste der Wirkstoffe für die Behandlung von COVID-19

1. Hydroxychloroquine

2. Lopinavir/Ritonavir

3. Remdesivir

4. Tocilizumab i.v.in mg

II.

Inkrafttreten

Diese Verordnung tritt am Tag der Kundmachung in Kraft.

Verordnung

vom 2. April 2020

betreffend die Abänderung der Verordnung über Massnahmen zur Bekämpfung des Coronavirus (COVID-19)

Aufgrund von Art. 40 und in Übereinstimmung mit Art. 7 des Bundesgesetzes vom 28. September 2012 über die Bekämpfung übertragbarer Krankheiten des Menschen (Epidemiengesetz, EpG), SR 818.101, Art. 65 des Gesundheitsgesetzes (GesG) vom 13. Dezember 2007, LGBl. 2008 Nr. 30, Art. 28 und 33 des Abkommens vom 2. Mai 1992 über den Europäischen Wirtschaftsraum, LGBl. 1995 Nr. 68, sowie Art. 28 der Verordnung (EU) 2016/399 des Europäischen Parlaments und des Rates vom 9. März 2016 über einen Gemeinschaftskodex für das Überschreiten der Grenzen durch Personen (Schengener Grenzkodex)1, LGBl. 2016 Nr. 328, verordnet die Regierung:

I.

Abänderung bisherigen Rechts

Die Verordnung vom 13. März 2020 über Massnahmen zur Bekämpfung des Coronavirus (←COVID→-19), LGBl. 2020 Nr. 94, in der geltenden Fassung, wird wie folgt abgeändert:

Art. 1 Abs. 3

3) Vorbehalten bleiben die aufgrund des Zollvertrags in Liechtenstein anwendbaren schweizerischen Rechtsvorschriften.

Art. 1a

Vollzug

Die zuständigen liechtensteinischen Behörden überwachen die Einhaltung der Massnahmen nach dieser Verordnung, soweit nicht schweizerische Behörden für den Vollzug zuständig sind.

Überschriften vor Art. 2

II. Aufrechterhaltung der Kapazitäten in der Gesundheitsversorgung

A. Grundsatz

Art. 2 Abs. 1

1) Um die Kapazitäten zur Bewältigung der ←COVID-19-Epidemie im Inland aufrechtzuerhalten und um insbesondere die Bedingungen für eine ausreichende Versorgung der Bevölkerung mit Pflege und Heilmitteln zu gewährleisten, müssen insbesondere folgende Massnahmen getroffen werden:

a) Massnahmen zur Einschränkung der Einreise von Personen aus Risikoländern oder -regionen;

b) Kontrolle der Ausfuhr von für die Gesundheitsversorgung wichtigen Gütern.

Verordnung über Massnahmen zur Bekämpfung des Coronavirus

Überschrift vor Art. 3

B. Einschränkungen beim Grenzübertritt

Art. 3 Abs. 1a

1a) Die Einreise mit einer Grenzgängerbewilligung nach Abs. 1 Bst. b Ziff. 1 ist nur zu beruflichen Zwecken zulässig.

Art. 4

Einschränkung des grenzüberschreitenden Personenverkehrs

Für den grenzüberschreitenden Personenverkehr aus Risikoländern oder -regionen gelten die Einschränkungen der zuständigen schweizerischen Behörden.

Überschrift vor Art. 4b

C. Ausfuhrkontrolle für Schutzausrüstung

Art. 4b und 4c

Die bisherigen Art. 7cbis und 7cter werden neu zu Art. 4b und 4c.

Art. 5 Abs. 2 Bst. f und 3 Bst. o

2) Öffentlich zugängliche Einrichtungen sind für das Publikum geschlossen, namentlich:

f) Campingplätze.

3) Abs. 2 gilt nicht für folgende Einrichtungen und Veranstaltungen:

o) Hotels und Beherbergungsbetriebe sowie Stellplätze für Wohnwagen und Wohnmobile, die für eine Dauermiete oder für Fahrende vorgesehen sind.

Art. 6 Bst. b Ziff. 4

Das Amt für Gesundheit kann nach Rücksprache mit der Regierung Ausnahmen von den Verboten nach Art. 5 bewilligen, wenn:

b) vom Veranstalter oder Betreiber ein Schutzkonzept vorgelegt wird, das folgende Präventionsmassnahmen umfasst:

4. Anpassungen der räumlichen Verhältnisse so, dass die Empfehlungen der Regierung und des Amtes für Gesundheit betreffend Hygiene und soziale Distanz eingehalten werden.

Art. 6c Abs. 2

2) Bei Ansammlungen von bis zu fünf Personen ist zwischen den einzelnen Personen ein Abstand von mindestens zwei Metern einzuhalten.

Art. 6d Abs. 1

1) Die Arbeitgeber im Bauhaupt- und -nebengewerbe und in der Industrie sind verpflichtet, die Empfehlungen der Regierung und des Amtes für Gesundheit betreffend Hygiene und soziale Distanz einzuhalten. Hierzu sind namentlich die Anzahl der anwesenden Personen auf Baustellen oder in Betrieben entsprechend zu limitieren, die Baustellen- und Betriebsorganisation anzupassen und die Nutzung namentlich von Pausenräumen und Kantinen in geeigneter Weise zu beschränken.

Art. 7

Kontrollen der Vollzugsorgane und Mitwirkungspflichten

1) Die zuständigen Vollzugsorgane dürfen in den Betrieben und an Örtlichkeiten jederzeit unangemeldet Kontrollen durchführen.

2) Die Betreiber, Veranstalter und Arbeitgeber haben den zuständigen Vollzugsorganen den Zutritt zu den Räumlichkeiten und Örtlichkeiten zu gewähren.

3) Die Anordnungen der zuständigen Vollzugsorgane bei Kontrollen vor Ort sind unverzüglich umzusetzen.

Art. 7c Abs. 3

3) Ist es besonders gefährdeten Arbeitnehmern nicht möglich, im Rahmen der Abs. 1 und 2 ihre Arbeitsverpflichtungen zu erledigen, so werden sie vom Arbeitgeber unter Lohnfortzahlung beurlaubt.

Überschrift vor Art. 7cbis

Aufgehoben

Art. 7cbis und 7cter

Aufgehoben

Art. 7d Abs. 2a und 3

2a) Von der Regierung wird wegen Übertretung mit einer Busse bis zu 10 000 Franken, bei fahrlässiger Tatbegehung mit einer Busse bis zu 5 000 Franken bestraft, wer:

a) gegen Einschränkungen des grenzüberschreitenden Personenverkehrs an den Grenzübergängen nach Art. 4 verstösst;

b) Schutzausrüstung ausführt, ohne dass die nach Art. 4b Abs. 1 erforderliche Bewilligung vorliegt.

3) Im Verfahren nach dem Ordnungsbussengesetz können mit einer Ordnungsbusse von 100 Franken geahndet werden:

a) Verstösse gegen Einschränkungen des grenzüberschreitenden Personenverkehrs an den Grenzübergängen nach Art. 4;

b) Verstösse gegen das Verbot von Menschenansammlungen im öffentlichen Raum nach Art. 6c.

Art. 9 Abs. 2 und 3

2) Diese Verordnung gilt unter dem Vorbehalt der nachfolgenden Absätze höchstens für die Dauer von sechs Monaten ab Inkrafttreten nach Abs. 1.

3) Die Art. 5 und 5b bis 7 sowie Art. 7d Abs. 1, 2 und 3 Bst. b gelten bis zum 30. April 2020.

Anhang 2 (Artikelverweis)

Anhang 2

(Art. 4b)

II.

Inkrafttreten

Diese Verordnung tritt am Tag der Kundmachung in Kraft.

Verordnung

vom 31. März 2020

betreffend die Abänderung der Verordnung über Massnahmen zur Bekämpfung des Coronavirus (COVID-19)

Aufgrund von Art. 40 und in Übereinstimmung mit Art. 7 des Bundesgesetzes vom 28. September 2012 über die Bekämpfung übertragbarer Krankheiten des Menschen (Epidemiengesetz, EpG), SR 818.101, Art. 65 des Gesundheitsgesetzes (GesG) vom 13. Dezember 2007, LGBl. 2008 Nr. 30, Art. 28 und 33 des Abkommens vom 2. Mai 1992 über den Europäischen Wirtschaftsraum, LGBl. 1995 Nr. 68, sowie Art. 28 der Verordnung (EU) 2016/399 des Europäischen Parlaments und des Rates vom 9. März 2016 über einen Gemeinschaftskodex für das Überschreiten der Grenzen durch Personen (Schengener Grenzkodex)1, LGBl. 2016 Nr. 328, verordnet die Regierung:

I.

Abänderung bisherigen Rechts

Die Verordnung vom 13. März 2020 über Massnahmen zur Bekämpfung des Coronavirus (←COVID→-19), LGBl. 2020 Nr. 94, in der geltenden Fassung, wird wie folgt abgeändert:

Art. 7a Abs. 5

5) In den Spitalabteilungen, die infolge der ←COVID-19-Erkrankungen eine massive Zunahme der Arbeit erfahren, ist die Geltung der Bestimmungen des Arbeitsgesetzes betreffend die Arbeits- und Ruhezeiten so lange sistiert, wie es die ausserordentliche Lage erfordert. Zeitliche oder finanzielle Kompensationen sind aber weiterhin zu gewähren. Die Arbeitgeber sind weiterhin verantwortlich für den Schutz der Gesundheit ihrer Arbeitnehmer und müssen insbesondere dafür sorgen, dass diesen ausreichende Ruhezeiten gewährt werden.

Anhang 1

Der bisherige Anhang 1 wird durch nachfolgenden Anhang ersetzt:

Anhang 1

(Art. 2 Abs. 2)

Liste der Risikoländer und -regionen

1. Alle Schengen-Staaten (**ausser der Schweiz**), jeweils inkl. Luftverkehr

2. Alle anderen Staaten (Luftverkehr)

II.

Inkrafttreten

Diese Verordnung tritt am Tag der Kundmachung in Kraft.

Verordnung

vom 26. März 2020

betreffend die Abänderung der Verordnung über Massnahmen zur Bekämpfung des Coronavirus (COVID-19)

Aufgrund von Art. 40 und in Übereinstimmung mit Art. 7 des Bundesgesetzes vom 28. September 2012 über die Bekämpfung übertragbarer Krankheiten des Menschen (Epidemiengesetz, EpG), SR 818.101, Art. 65 des Gesundheitsgesetzes (GesG) vom 13. Dezember 2007, LGBl. 2008 Nr. 30, Art. 28 und 33 des Abkommens vom 2. Mai 1992 über den Europäischen Wirtschaftsraum, LGBl. 1995 Nr. 68, sowie Art. 28 der Verordnung (EU) 2016/399 des Europäischen Parlaments und des Rates vom 9. März 2016 über einen Gemeinschaftskodex für das Überschreiten der Grenzen durch Personen (Schengener Grenzkodex)1, LGBl. 2016 Nr. 328, verordnet die Regierung:

I.

Abänderung bisherigen Rechts

Die Verordnung vom 13. März 2020 über Massnahmen zur Bekämpfung des Coronavirus (COVID-19), LGBl. 2020 Nr. 94, in der geltenden Fassung, wird wie folgt abgeändert:

Art. 2 Abs. 2 Satz 2

2) ... Die Liste der Risikoländer oder -regionen wird in Anhang 1 veröffentlicht.

Art. 4a Satz 1

Die Erteilung von Schengen-Visa sowie von nationalen Visa und Ermächtigungen zur Visa-Ausstellung an Personen aus Risikoländern oder -regionen nach Anhang 1 wird eingestellt. ...

Überschrift vor Art. 7cbis

Va. Ausfuhrkontrolle

Art. 7cbis

Ausfuhrbewilligung

1) Für die Ausfuhr der in Anhang 2 aufgeführten Schutzausrüstung aus dem liechtensteinisch-schweizerischen Zollgebiet ist eine Bewilligung des Staatssekretariats für Wirtschaft (SECO) erforderlich.

2) Abs. 1 findet keine Anwendung auf die Ausfuhr von Schutzausrüstung:

a) soweit die Reziprozität gewährleistet ist, in EU-Mitgliedstaaten, in die in Anhang II des Vertrags vom 13. Dezember 20072 über die Arbeitsweise der Europäischen Union (konsolidierte Fassung) aufgeführten überseeischen Länder und Hoheitsgebiete sowie nach Norwegen und Island, in das Vereinigte Königreich, die Färöer, nach Andorra, San Marino und in die Vatikanstadt;

b) durch medizinisches Personal und Personal des Katastrophen- und des Zivilschutzes zur Berufsausübung oder zur Erstehilfeleistung;

c) durch andere Personen für den eigenen Bedarf;

d) als Ausrüstungen für die Erstehilfeleistung oder für sonstige dringende Fälle in Autobussen, Eisenbahnzügen, Luftfahrzeugen oder Schiffen im internationalen Verkehr;

e) zur Versorgung von:

1. Liechtensteiner oder Schweizer Auslandsvertretungen, Auslandsmissionen und Einsätzen bei der Europäischen Grenz- und Küstenwache Frontex,

2. liechtensteinischen oder schweizerischen öffentlichen Institutionen im Ausland,

3. Angehörigen der schweizerischen Armee im Auslandseinsatz,

4. Liechtensteiner oder Schweizer Angehörigen internationaler Polizeimissionen oder ziviler internationaler Friedensmissionen.

Art. 7cter

Verfahren und Entscheid

1) Das Gesuch ist auf der elektronischen Bewilligungsplattform ELIC des SECO einzureichen.

2) Das SECO entscheidet innerhalb von fünf Arbeitstagen nach Eingang des vollständigen Gesuchs. Sind besonders aufwendige Abklärungen erforderlich, so kann diese Frist um weitere fünf Arbeitstage verlängert werden.

3) Das SECO eröffnet den Entscheid dem Gesuchsteller in elektronischer Form.

4) Eine Bewilligung wird erteilt, wenn der Bedarf an Schutzausrüstung für Gesundheitseinrichtungen, weiteres medizinisches Personal, Patienten, den Bevölkerungs- und Zivilschutz und Behörden und Organisationen für Rettung und Sicherheit in Liechtenstein oder in der Schweiz genügend abgedeckt ist.

5) Das SECO hört vor seinem Entscheid die zuständigen liechtensteinischen oder schweizerischen Behörden an.

6) Das SECO kann ausländische Behörden konsultieren, ihnen sachdienliche Angaben übermitteln und von ihnen erhaltene Informationen bei der Beurteilung berücksichtigen.

7) Bei der Entscheidung über die Erteilung einer Bewilligung werden alle relevanten Erwägungen zugrunde gelegt, einschliesslich gegebenenfalls die Frage, ob die Ausfuhr der Unterstützung dient von:

a) Staaten oder internationalen Organisationen, die ein Ersuchen an Liechtenstein oder die Schweiz gerichtet haben;

b) Hilfsorganisationen im Ausland, die nach der Genfer Flüchtlingskonvention geschützt sind;

c) dem Globalen Netzwerk für Warnungen und Gegenmassnahmen (GOARN) der Weltgesundheitsorganisation (WHO).

Art. 7d Abs. 2a

2a) Wer Schutzausrüstung ausführt, ohne dass die nach Art. 7cbis erforderliche Bewilligung vorliegt, wird von der Regierung wegen Übertretung mit einer Busse bis zu 10 000 Franken, bei fahrlässiger Tatbegehung mit einer Busse bis zu 5 000 Franken bestraft.

Anhänge 1 und 2

Der bisherige Anhang wird durch nachfolgende Anhänge ersetzt:

Anhang 1

(Art. 2 Abs. 2)

Liste der Risikoländer und -regionen

1. Alle Schengen-Staaten (**ausser Fürstentum Liechtenstein**), jeweils inkl. Luftverkehr

2. Alle anderen Staaten (Luftverkehr)

Anhang 2

(Art. 7cbis Abs. 1)

... *[Schutzausrüstung]*

II.

Inkrafttreten

Diese Verordnung tritt am Tag der Kundmachung in Kraft.

Verordnung

vom 20. März 2020

betreffend die Abänderung der Verordnung über Massnahmen zur Bekämpfung des Coronavirus (COVID-19)

Aufgrund von Art. 40 und in Übereinstimmung mit Art. 7 des Bundesgesetzes vom 28. September 2012 über die Bekämpfung übertragbarer Krankheiten des Menschen (Epidemiengesetz, EpG), SR 818.101, Art. 65 des Gesundheitsgesetzes (GesG) vom 13. Dezember 2007, LGBl. 2008 Nr. 30, Art. 28 und 33 des Abkommens vom 2. Mai 1992 über den Europäischen Wirtschaftsraum, LGBl. 1995 Nr. 68, sowie Art. 28 der Verordnung (EU) 2016/399 des Europäischen Parlaments und des Rates vom 9. März 2016 über einen Gemeinschaftskodex für das Überschreiten der Grenzen durch Personen (Schengener Grenzkodex)1, LGBl. 2016 Nr. 328, verordnet die Regierung:

I.

Abänderung bisherigen Rechts

Die Verordnung vom 13. März 2020 über Massnahmen zur Bekämpfung des Coronavirus (←COVID→-19), LGBl. 2020 Nr. 94, in der geltenden Fassung, wird wie folgt abgeändert:

Art. 6a

Versorgung der Bevölkerung mit Lebensmitteln

1) Postanbieter sind ermächtigt, der Bevölkerung online bestellte Lebensmittel und Gegenstände für den täglichen Bedarf an sieben Tagen pro Woche zuzustellen.

2) Eine Ausnahmebewilligung des Amtes für Volkswirtschaft für Sonntagsarbeit und eine Ausnahmebewilligung vom Sonntagsfahrverbot für entsprechende Versorgungsfahrten sind dafür nicht erforderlich.

3) In Anwendung von Art. 2 des Strassenverkehrsgesetzes sind die Postanbieter für Fahrten nach Abs. 1 zudem von der Einhaltung von Fahrverboten und anderen Verkehrsbeschränkungen, insbesondere in Fussgängerzonen, befreit.

Art. 6b

Grundversorgung durch die Post

Die Regierung kann auf begründeten Antrag der Post die lokale, regionale oder überregionale vorübergehende Einschränkung oder die vorübergehende punktuelle Einstellung von Diensten der Grundversorgung in den Bereichen Postdienst und Dienstleistungen des Zahlungsverkehrs gemäss Postgesetz genehmigen. Der Waren- und Zahlungsverkehr gemäss Postgesetz muss wenn immer möglich aufrechterhalten werden.

Art. 6c

Verbot von Menschenansammlungen im öffentlichen Raum

1) Menschenansammlungen von mehr als fünf Personen im öffentlichen Raum, namentlich auf öffentlichen Plätzen, auf Spazierwegen und in Parkanlagen, sind verboten.

2) Bei Versammlungen von bis zu fünf Personen ist gegenüber anderen Personen ein Abstand von mindestens zwei Metern einzuhalten.

61

3) Die Landespolizei und die Gemeindepolizei sorgen für die Einhaltung der Vorgaben im öffentlichen Raum.

Art. 6d

Präventionsmassnahmen auf Baustellen und in der Industrie

1) Die Arbeitgeber im Bauhaupt- und -nebengewerbe und in der Industrie sind verpflichtet, die Empfehlungen der Regierung und des Amtes für Gesundheit betreffend Hygiene und sozialer Distanz einzuhalten. Hierzu sind namentlich die Anzahl der anwesenden Personen auf Baustellen oder in Betrieben entsprechend zu limitieren, die Baustellen- und Betriebsorganisation anzupassen und Menschenansammlungen von mehr als fünf Personen in Pausenräumen und Kantinen zu verhindern.

2) In Anwendung der Gesundheitsschutzbestimmungen von Art. 6 des Arbeitsgesetzes obliegt der Vollzug von Abs. 1 den nach dem Arbeitsgesetz und dem Unfallversicherungsgesetz zuständigen Behörden.

3) Die zuständigen Vollzugsbehörden können einzelne Betriebe oder Baustellen schliessen, falls die Pflichten nach Abs. 1 nicht eingehalten werden.

Art. 7a Abs. 2 bis 5

2) Gesundheitseinrichtungen nach Art. 5 Abs. 3 Bst. n, insbesondere Spitäler und Kliniken, Arztpraxen und Zahnarztpraxen, ist es verboten, nicht dringend angezeigte medizinische Untersuchungen, Behandlungen und Therapien (Eingriffe) durchzuführen.

3) Als nicht dringend angezeigt gelten namentlich Eingriffe, die:

a) zu einem späteren Zeitpunkt durchgeführt werden können, ohne dass bei der betroffenen Person Nachteile zu erwarten sind, die über geringe physische und psychische Beschwerden und Beeinträchtigungen hinausgehen; oder

b) überwiegend oder vollständig ästhetischen Zwecken, der Steigerung der Leistungsfähigkeit oder dem Wohlbefinden dienen.

4) Gesundheitseinrichtungen dürfen gesetzliche, aus Gründen der Arbeitssicherheit vorgeschriebene Eingriffe bei Personen vornehmen, die insbesondere in der Gesundheitsversorgung, im Bevölkerungs- und Zivilschutz sowie in Behörden und Organisationen für Rettung sowie für öffentliche Sicherheit und Ordnung tätig sind oder hierzu vorgesehen sind.

5) In den Spitalabteilungen, die infolge der ←COVID-19-Erkrankungen eine massive Zunahme der Arbeit erfahren, ist die Geltung der Bestimmungen des Arbeitsgesetzes betreffend die Arbeits- und Ruhezeiten so lange sistiert, wie es die ausserordentliche Lage erfordert. Die Arbeitgeber sind aber weiterhin verantwortlich für den Schutz der Gesundheit ihrer Arbeitnehmer und müssen insbesondere dafür sorgen, dass diesen ausreichende Ruhezeiten gewährt werden.

Art. 7c

Pflicht der Arbeitgeber

1) Arbeitgeber ermöglichen ihren besonders gefährdeten Arbeitnehmern, ihre Arbeitsverpflichtungen von zu Hause aus zu erledigen. Sie treffen zu diesem Zweck die geeigneten organisatorischen und technischen Massnahmen.

2) Können Arbeitstätigkeiten aufgrund der Art der Tätigkeit oder mangels realisierbarer Massnahmen nur am üblichen Arbeitsort erbracht werden, so sind die Arbeitgeber verpflichtet, mit geeigneten organisatorischen und technischen Massnahmen die Einhaltung der Empfehlungen der Regierung und des Amtes für Gesundheit betreffend Hygiene und sozialer Distanz sicherzustellen.

3) Ist es bei besonders gefährdeten Arbeitnehmern nach Art. 7b Abs. 2 nicht möglich, im Rahmen der Abs. 1 und 2 ihre Arbeitsverpflichtungen zu erledigen, so werden sie vom Arbeitgeber unter Lohnfortzahlung beurlaubt.

4) Arbeitnehmer machen ihre besondere Gefährdung durch eine persönliche Erklärung geltend. Der Arbeitgeber kann ein ärztliches Attest verlangen.

Überschrift vor Art. 7d

VI. Strafbestimmungen

Art. 7d Sachüberschrift, Abs. 2 und 3

Vergehen und Übertretungen

2) Wer gegen das Verbot von Menschenansammlungen im öffentlichen Raum nach Art. 6c verstösst, wird von der Regierung wegen Übertretung mit einer Busse bis zu 1 000 Franken bestraft.

3) Verstösse gegen das Verbot von Menschenansammlungen im öffentlichen Raum nach Art. 6c können im Verfahren nach dem Ordnungsbussengesetz mit einer Ordnungsbusse von 100 Franken geahndet werden.

Anhang

Der bisherige Anhang wird durch nachfolgenden Anhang ersetzt:

Anhang

(Art. 2 Abs. 2)

Liste der Risikoländer und -regionen

1. Deutschland (inkl. Luftverkehr)

2. Frankreich (inkl. Luftverkehr)

3. Italien (inkl. Luftverkehr)

4. Österreich (inkl. Luftverkehr)

5. Spanien (ab 19. März 2020, 00:00 Uhr, Luftverkehr)

6. Alle Staaten ausserhalb des Schengen-Raumes (ab 21. März 2020, 00:00 Uhr)

II.

Inkrafttreten

Diese Verordnung tritt am 22. März 2020 in Kraft.

Verordnung

vom 20. März 2020

betreffend die Abänderung der Verordnung über Massnahmen zur Bekämpfung des Coronavirus (COVID-19)

Aufgrund von Art. 40 und in Übereinstimmung mit Art. 7 des Bundesgesetzes vom 28. September 2012 über die Bekämpfung übertragbarer Krankheiten des Menschen (Epidemiengesetz, EpG), SR 818.101, Art. 65 des Gesundheitsgesetzes (GesG) vom 13. Dezember 2007, LGBl. 2008 Nr. 30, Art. 28 und 33 des Abkommens vom 2. Mai 1992 über den Europäischen Wirtschaftsraum, LGBl. 1995 Nr. 68, sowie Art. 28 der Verordnung (EU) 2016/399 des Europäischen Parlaments und des Rates vom 9. März 2016 über einen Gemeinschaftskodex für das Überschreiten der Grenzen durch Personen (Schengener Grenzkodex)1, LGBl. 2016 Nr. 328, verordnet die Regierung:

I.

Abänderung bisherigen Rechts

Die Verordnung vom 13. März 2020 über Massnahmen zur Bekämpfung des Coronavirus (←COVID-19), LGBl. 2020 Nr. 94, in der geltenden Fassung, wird wie folgt abgeändert:

Ingress

Aufgrund von Art. 40 und in Übereinstimmung mit Art. 7 des Bundesgesetzes vom 28. September 2012 über die Bekämpfung übertragbarer Krankheiten des Menschen (Epidemiengesetz, EpG), SR 818.101, Art. 65 des Gesundheitsgesetzes (GesG) vom 13. Dezember 2007, LGBl. 2008 Nr. 30, Art. 28 und 33 des Abkommens vom 2. Mai 1992 über den Europäischen Wirtschaftsraum, LGBl. 1995 Nr. 68, sowie Art. 28 der Verordnung (EU) 2016/399 des Europäischen Parlaments und des Rates vom 9. März 2016 über einen Gemeinschaftskodex für das Überschreiten der Grenzen durch Personen (Schengener Grenzkodex)2, LGBl. 2016 Nr. 328, verordnet die Regierung:

Art. 3 Abs. 1 Bst. b, c, e und g sowie Abs. 5

1) Die für die Grenzkontrolle zuständige Behörde verweigert allen Personen aus einem Risikoland oder aus einer Risikoregion die Einreise in das liechtensteinisch-schweizerische Zollgebiet, sofern sie nicht eine der folgenden Voraussetzungen erfüllen:

b) Sie verfügen über ein Reisedokument und:

1. einen Aufenthaltstitel, namentlich eine liechtensteinische oder schweizerische Aufenthaltsbewilligung, eine Grenzgängerbewilligung, ein von Liechtenstein oder der Schweiz ausgestelltes Visum mit dem Zweck "geschäftliche Besprechungen" als Spezialisten im Zusammenhang mit dem Gesundheitsbereich oder mit dem Zweck "offizieller Besuch" von grosser Bedeutung; oder

2. eine Zusicherung der Aufenthaltsbewilligung.

c) Sie sind Freizügigkeitsberechtigte und haben einen beruflichen Grund für die Einreise in das liechtensteinisch-schweizerische Zollgebiet und besitzen eine Meldebestätigung.

e) Sie reisen lediglich zur Durchreise in das liechtensteinisch-schweizerische Zollgebiet ein mit der Absicht und der Möglichkeit, direkt in ein anderes Land weiterzureisen.

g) Sie sind als Spezialisten im Zusammenhang mit dem Gesundheitsbereich von grosser Bedeutung.

5) Weitergehende Einschränkungen der zuständigen schweizerischen Behörden bei der Einreise von Ausländern über die Schengen-Binnen- und -Aussengrenzen bleiben unberührt.

Art. 4

Einschränkungen im Strassen-, Schienen-, Schiffs- und Luftpersonenverkehr

Für den Strassen-, Schienen-, Schiffs- und Luftpersonenverkehr aus Risikoländern oder -regionen gelten die Einschränkungen der zuständigen schweizerischen Behörden.

Art. 4a

Erteilung von Visa

Die Erteilung von Schengen-Visa sowie von nationalen Visa und Ermächtigungen zur Visa-Ausstellung an Personen aus Risikoländern oder -regionen nach dem Anhang wird eingestellt. Ausgenommen davon sind Gesuche von Personen, die sich in einer Situation der äussersten Notwendigkeit befinden oder als Spezialisten im Zusammenhang mit dem Gesundheitsbereich von grosser Bedeutung sind.

Art. 9 Abs. 2 und 2a

2) Diese Verordnung gilt unter dem Vorbehalt der nachfolgenden Bestimmungen so lange wie nötig, höchstens jedoch für die Dauer von sechs Monaten ab Inkrafttreten. Die Regierung hebt sie ganz oder teilweise auf, sobald die Massnahmen nicht mehr nötig sind.

2a) Art. 4a gilt bis zum 15. Juni 2020.

Anhang

Der bisherige Anhang wird durch nachfolgenden Anhang ersetzt:

Anhang

(Art. 2 Abs. 2)

Liste der Risikoländer und -regionen

Deutschland (inkl. Luftverkehr)

Frankreich (inkl. Luftverkehr)

Italien (inkl. Luftverkehr)

Österreich (inkl. Luftverkehr)

Spanien (ab 19. März 2020, 00:00 Uhr, Luftverkehr)

Alle Staaten ausserhalb der EU/EFTA (ab 19. März 2020, 00:00 Uhr)

II.

Inkrafttreten

Diese Verordnung tritt am Tag der Kundmachung in Kraft.

Verordnung

vom 17. März 2020

betreffend die Abänderung der Verordnung über Massnahmen zur Bekämpfung des Coronavirus (COVID-19)

Aufgrund von Art. 40 und in Übereinstimmung mit Art. 7 des Bundesgesetzes vom 28. September 2012 über die Bekämpfung übertragbarer Krankheiten des Menschen (Epidemiengesetz, EpG), SR 818.101, und Art. 65 des Gesundheitsgesetzes (GesG) vom 13. Dezember 2007, LGBl. 2008 Nr. 30, verordnet die Regierung:

I.

Abänderung bisherigen Rechts

Die Verordnung vom 13. März 2020 über Massnahmen zur Bekämpfung des Coronavirus (←COVID→-19), LGBl. 2020 Nr. 94, in der geltenden Fassung, wird wie folgt abgeändert:

Ingress

Aufgrund von Art. 40 und in Übereinstimmung mit Art. 7 des Bundesgesetzes vom 28. September 2012 über die Bekämpfung übertragbarer Krankheiten des Menschen (Epidemiengesetz, EpG), SR 818.101, und Art. 65 des Gesundheitsgesetzes (GesG) vom 13. Dezember 2007, LGBl. 2008 Nr. 30, verordnet die Regierung:

Art. 2 Abs. 2 Satz 1

2) Als Risikoländer oder -regionen gelten namentlich Länder und Regionen, deren Behörden ausserordentliche Massnahmen zur Verhütung und Bekämpfung der ←COVID-19-Epidemie angeordnet haben. ...

Art. 5

Veranstaltungen und Betriebe

1) Es ist verboten, öffentliche oder private Veranstaltungen, einschliesslich Sportveranstaltungen und Vereinsaktivitäten, durchzuführen.

2) Öffentlich zugängliche Einrichtungen sind für das Publikum geschlossen, namentlich:

a) Einkaufsläden und Märkte;

b) Restaurationsbetriebe;

c) Barbetriebe sowie Diskotheken, Nachtclubs und Erotikbetriebe;

d) Unterhaltungs- und Freizeitbetriebe, namentlich Museen, Bibliotheken, Kinos, Konzerthäuser, Theater, Casinos und Spielsalons, Sportzentren, Sportstätten, Fitnesszentren, Schwimmbäder, Wellnesszentren, Skigebiete, botanische und zoologische Gärten und Tierparks;

e) Betriebe mit personenbezogenen Dienstleistungen mit Körperkontakt wie Coiffeure, Massagen, Tattoo-Studios und Kosmetik.

3) Abs. 2 gilt nicht für folgende Einrichtungen und Veranstaltungen:

a) Lebensmittelläden und sonstige Läden (z.B. Kioske, Tankstellenshops), soweit sie Lebensmittel oder Gegenstände für den täglichen Bedarf anbieten;

b) Imbiss-Betriebe (Take-away), Betriebskantinen, Lieferdienste für Mahlzeiten und Restaurationsbetriebe für Hotelgäste;

c) Apotheken, Drogerien und Läden für medizinische Hilfsmittel (z.b. Brillen, Hörgeräte);

d) Poststellen und Postagenturen;

e) Verkaufsstellen von Telekommunikationsanbietern;

f) Banken;

g) Tankstellen;

h) Bahnhöfe und andere Einrichtungen des öffentlichen Verkehrs;

i) Werkstätten für Transportmittel;

k) öffentliche Verwaltung;

l) soziale Einrichtungen (z.B. Anlaufstellen);

m) Bestattungen im engsten Familienkreis;

n) Gesundheitseinrichtungen wie Spitäler, Kliniken und Arztpraxen sowie Praxen und Einrichtungen von Gesundheitsfachpersonen;

o) Beherbergungsbetriebe.

4) Die Einrichtungen und Veranstaltungen nach Abs. 3 müssen die Empfehlungen der Regierung und des Amtes für Gesundheit betreffend Hygiene und sozialer Distanz einhalten. Die Anzahl der anwesenden Personen ist entsprechend zu limitieren, und Menschenansammlungen sind zu verhindern.

Art. 5a

Bildungs- und Kinderbetreuungseinrichtungen

1) Präsenzveranstaltungen an allen öffentlichen und privaten Bildungseinrichtungen sind verboten. Ausserhäusliche Kinderbetreuungseinrichtungen und Spielgruppen mit Ausnahme der Tagesfamilienorganisationen sind geschlossen.

2) Besonders gefährdete Personen dürfen für die Betreuung von Kindern nicht eingebunden werden.

Art. 5b

Versammlungen von Gesellschaften

1) Bei Versammlungen von Gesellschaften kann der Veranstalter ungeachtet der voraussichtlichen Anzahl Teilnehmer und ohne Einhaltung der Einladungsfrist anordnen, dass die Teilnehmer ihre Rechte ausschliesslich ausüben können:

a) auf schriftlichem Weg oder in elektronischer Form; oder

b) durch einen vom Veranstalter bezeichneten unabhängigen Stimmrechtvertreter.

2) Der Veranstalter entscheidet während der Frist nach Art. 9 Abs. 3. Die Anordnung muss spätestens vier Tage vor der Veranstaltung schriftlich mitgeteilt oder elektronisch veröffentlicht werden.

Art. 6

Ausnahmen

Das Amt für Gesundheit kann nach Rücksprache mit der Regierung Ausnahmen von den Verboten nach Art. 5 bewilligen, wenn:

a) überwiegende öffentliche Interessen dies gebieten, beispielsweise bei Versorgungproblemen; und

b) vom Veranstalter oder Betreiber ein Schutzkonzept vorgelegt wird, das folgende Präventionsmassnahmen umfasst:

1. Massnahmen zum Ausschluss von Personen, die krank sind oder sich krank fühlen;

2. Massnahmen zum Schutz von besonders gefährdeten Personen;

3. Massnahmen zur Information der anwesenden Personen über allgemeine Schutzmassnahmen wie Händehygiene, Abstandhalten oder Husten- und Schnupfenhygiene;

4. Anpassung der räumlichen Verhältnisse so, dass die Hygieneregeln eingehalten werden können.

Verordnung über Massnahmen zur Bekämpfung des Coronavirus

Überschrift vor Art. 7a

IV. Gesundheitsversorgung

Art. 7a

Pflichten der Gesundheitseinrichtungen

1) Private Spitäler und Kliniken sind verpflichtet, ihre Kapazitäten für die Aufnahme von Patienten zur Verfügung zu stellen.

2) Gesundheitseinrichtungen wie Spitäler und Kliniken, Arztpraxen und Zahnarztpraxen müssen auf nicht dringend angezeigte medizinische Eingriffe und Therapien verzichten.

Überschrift vor Art. 7b

V. Besonders gefährdete Personen

Art. 7b

Grundsatz

1) Besonders gefährdete Personen sollen zu Hause bleiben und Menschenansammlungen meiden.

2) Als besonders gefährdete Personen gelten:

a) Personen ab 65 Jahren; und

b) Personen, die insbesondere eine der folgenden Erkrankungen aufweisen:

1. Bluthochdruck;

2. Diabetes;

3. Herz-Kreislauf-Erkrankungen;

4. chronische Atemwegserkrankungen;

5. Erkrankungen und Therapien, die das Immunsystem schwächen;

6. Krebs.

71

Art. 7c

Pflicht der Arbeitgeber

1) Besonders gefährdete Arbeitnehmer erledigen ihre arbeitsvertraglichen Pflichten von zu Hause aus. Ist dies nicht möglich, so werden sie vom Arbeitgeber unter Lohnfortzahlung beurlaubt.

2) Arbeitnehmer machen ihre besondere Gefährdung durch eine persönliche Erklärung geltend. Der Arbeitgeber kann ein ärztliches Attest verlangen.

Überschrift vor Art. 7d

VI. Strafbestimmung

Art. 7d

Vergehen

Sofern keine schwerere strafbare Handlung nach dem Strafgesetzbuch vorliegt, wird vom Landgericht mit Freiheitsstrafe bis zu drei Jahren oder Geldstrafe bis zu 360 Tagessätzen bestraft, wer sich vorsätzlich Massnahmen nach Art. 5 widersetzt.

Überschrift vor Art. 8

VII. Schlussbestimmungen

Art. 9 Abs. 2 bis 4

2) Diese Verordnung gilt vorbehaltlich Abs. 3 und 4 so lange wie nötig, höchstens jedoch für die Dauer von sechs Monaten ab Inkrafttreten. Die Regierung hebt sie ganz oder teilweise auf, sobald die Massnahmen nicht mehr nötig sind.

3) Die Art. 5 und 5b bis 7 gelten bis zum 30. April 2020.

4) Art. 5a gilt bis zum 26. April 2020.

Anhang

Der bisherige Anhang wird durch nachfolgenden Anhang ersetzt:

Anhang

(Art. 2 Abs. 2)

Liste der Risikoländer und -regionen

1. Italien

2. Deutschland

3. Frankreich

4. Österreich

II.

Inkrafttreten

Diese Verordnung tritt am 19. März 2020 in Kraft.

Verordnung

vom 16. März 2020

betreffend die Abänderung der Verordnung über Massnahmen zur Bekämpfung des Coronavirus (COVID-19)

Aufgrund von Art. 40 des Bundesgesetzes vom 28. September 2012 über die Bekämpfung übertragbarer Krankheiten des Menschen (Epidemiengesetz, EpG), SR 818.101, und Art. 65 des Gesundheitsgesetzes (GesG) vom 13. Dezember 2007, LGBl. 2008 Nr. 30, verordnet die Regierung:

I.

Abänderung bisherigen Rechts

Die Verordnung vom 13. März 2020 über Massnahmen zur Bekämpfung des Coronavirus (←COVID-19), LGBl. 2020 Nr. 94, wird wie folgt abgeändert:

Art. 5

Veranstaltungen und Betriebe

1) Es ist verboten, öffentliche oder private Veranstaltungen, bei denen sich gleichzeitig mehr als fünf Personen aufhalten, durchzuführen.

2) Veranstaltungen mit fünf oder weniger Personen dürfen durchgeführt werden, wenn folgende Präventionsmassnahmen eingehalten werden:

a) Massnahmen zum Ausschluss von Personen, die krank sind oder sich krank fühlen;

b) Massnahmen zum Schutz von besonders gefährdeten Personen;

c) Massnahmen zur Information der anwesenden Personen über allgemeine Schutzmassnahmen wie Händehygiene, Abstandhalten oder Husten- und Schnupfenhygiene;

d) Anpassung der räumlichen Verhältnisse so, dass die Hygieneregeln eingehalten werden können.

3) Bestattungen dürfen durchgeführt werden, wenn:

a) sie im engsten Familienkreis stattfinden; und

b) die Präventionsmassnahmen nach Abs. 2 eingehalten werden.

4) Es werden eingestellt:

a) Unterhaltungs- und Freizeitbetriebe, insbesondere private und öffentliche Museen, Bibliotheken, Casinos und Spielsalons, Sportzentren, Sportstätten, Fitnesszentren, Wellnesszentren, Jugendzentren, Hallenbäder sowie Transportanlagen in Skigebieten;

b) Restaurations- und Barbetriebe sowie Diskotheken und Nachtclubs. Ausgenommen sind:

1. Betriebskantinen;

2. Take-Aways;

3. Mahlzeitenlieferungen von Restaurants, Pizzakurieren und dergleichen;

c) Kurse und Weiterbildungen.

5) Die von der Einstellung nach Abs. 4 Bst. b ausgenommenen Betriebe müssen die Empfehlungen der Regierung und des Amtes für Gesundheit betreffend Hygiene und sozialer Distanz einhalten.

II.

Inkrafttreten

Diese Verordnung tritt am 17. März 2020 in Kraft.

Verordnung (LGBl. 2020 Nr. 94 ursprüngliche Fassung)

vom 13. März 2020

über Massnahmen zur Bekämpfung des Coronavirus (COVID-19)

Aufgrund von Art. 40 des Bundesgesetzes vom 28. September 2012 über die Bekämpfung übertragbarer Krankheiten des Menschen (Epidemiengesetz, EpG), SR 818.101, und Art. 65 des Gesundheitsgesetzes (GesG) vom 13. Dezember 2007, LGBl. 2008 Nr. 30, verordnet die Regierung:

I. Allgemeine Bestimmungen

Art. 1

Gegenstand und Zweck

1) Diese Verordnung ordnet Massnahmen gegenüber der Bevölkerung, Organisationen und Institutionen an zur Verminderung des Übertragungsrisikos und zur Bekämpfung des Coronavirus (COVID-19).

2) Die Massnahmen dienen dazu:

a) die Verbreitung des Coronavirus (←COVID→-19) im liechtensteinisch-schweizerischen Zollgebiet zu verhindern oder einzudämmen;

b) die Häufigkeit von Übertragungen zu reduzieren, Übertragungsketten zu unterbrechen und lokale Ausbrüche zu verhindern oder einzudämmen;

c) besonders gefährdete Personen zu schützen;

d) die Kapazitäten zur Bewältigung der Epidemie im Inland sicherzustellen, insbesondere zur Aufrechterhaltung der Bedingungen für eine ausreichende Versorgung der Bevölkerung mit Pflege und Heilmitteln.

II. Aufrechthaltung der Kapazitäten in der Gesundheitsversorgung; Einschränkungen beim Grenzverkehr

Art. 2

Grundsatz

1) Um die Kapazitäten zur Bewältigung der ←COVID→-19-Epidemie im Inland aufrechtzuerhalten und um insbesondere die Bedingungen für eine ausreichende Versorgung der Bevölkerung mit Pflege und Heilmitteln zu gewährleisten, müssen Massnahmen zur Einschränkung der Einreise von Personen aus Risikoländern oder -regionen getroffen werden.

2) Als Risikoländer oder -regionen gelten namentlich Länder und Regionen, die an das liechtensteinisch-schweizerische Zollgebiet angrenzen und deren Behörden ausserordentliche Massnahmen zur Verhütung und Bekämpfung der ←COVID→-19-Epidemie angeordnet haben. Die Liste der Risikoländer oder -regionen wird im Anhang dieser Verordnung veröffentlicht.

Art. 3

Grenzübertritt und Kontrolle

1) Die für die Grenzkontrolle zuständige Behörde verweigert allen Personen aus einem Risikoland oder aus einer Risikoregion die Einreise in das liechtensteinisch-schweizerische Zollgebiet, sofern sie nicht eine der folgenden Voraussetzungen erfüllen:

a) Sie verfügen über das Liechtensteiner oder Schweizer Bürgerrecht.

b) Sie verfügen über ein Reisedokument und einen Aufenthaltstitel nach Abs. 2, namentlich eine liechtensteinische oder schweizerische Aufenthaltsbewilligung, eine Grenzgängerbewilligung, ein von Liechtenstein oder der Schweiz ausgestelltes Visum oder eine Zusicherung der Aufenthaltsbewilligung.

c) Sie haben einen beruflichen Grund für die Einreise in das liechtensteinisch-schweizerische Zollgebiet und besitzen eine Meldebescheinigung.

d) Sie führen einen gewerblichen Warentransport aus und besitzen einen Warenlieferschein.

e) Sie reisen lediglich zur Durchreise in das liechtensteinisch-schweizerische Zollgebiet ein mit der Absicht, direkt in ein anderes Land zu reisen.

f) Sie befinden sich in einer Situation der äussersten Notwendigkeit.

2) Die betreffenden Personen müssen glaubhaft machen, dass sie eine der obengenannten Bedingungen erfüllen. Die Beurteilung der Notwendigkeit nach Abs. 1 Bst. f liegt im Ermessen der für die Grenzkontrolle zuständigen Behörde.

3) Entscheide der zuständigen Behörden können sofort vollstreckt werden. Allfällige Beschwerden gegen diese Entscheide haben keine aufschiebende Wirkung.

4) Die Strafbestimmungen der Ausländergesetzgebung gelten sinngemäss. Bei Verletzung der Einreisebestimmung kann zudem ein Einreiseverbot ausgesprochen werden.

Art. 4

Einschränkung des Luftverkehrs

Für den Luftverkehr gelten die Einschränkungen des Eidgenössischen Departements des Innern.

III. Massnahmen gegenüber der Bevölkerung, Organisationen und Institutionen

Art. 5

Veranstaltungen und Betriebe

1) Es ist verboten, öffentliche oder private Veranstaltungen, bei denen sich gleichzeitig 100 oder mehr Personen aufhalten, durchzuführen.

2) Veranstaltungen unter 100 Personen dürfen durchgeführt werden, wenn folgende Präventionsmassnahmen eingehalten werden:

a) Massnahmen zum Ausschluss von Personen, die krank sind oder sich krank fühlen;

b) Massnahmen zum Schutz von besonders gefährdeten Personen;

c) Massnahmen zur Information der anwesenden Personen über allgemeine Schutzmassnahmen wie Händehygiene, Abstandhalten oder Husten- und Schnupfenhygiene;

d) Anpassung der räumlichen Verhältnisse so, dass die Hygieneregeln eingehalten werden können.

3) Die Abs. 1 und 2 gelten vorbehaltlich Abs. 5 gleichermassen für Unterhaltungs- und Freizeitbetriebe, namentlich Museen, Sportzentren, Fitnesszentren und Wellnesszentren.

4) Restaurations- und Barbetriebe sowie Diskotheken und Nachtclubs dürfen einschliesslich des Personals nicht mehr als 50 Personen gleichzeitig aufnehmen. Die Empfehlungen der Regierung und des Amtes für Gesundheit betreffend Hygiene und sozialer Distanz müssen eingehalten werden.

5) Der Betrieb der öffentlichen Hallenbäder wird eingestellt.

Art. 6

Ausnahmen

Das Amt für Gesundheit kann nach Rücksprache mit der Regierung Ausnahmen von den Verboten nach Art. 5 bewilligen, wenn:

a) überwiegende öffentliche Interessen dies gebieten, beispielsweise für Veranstaltungen zur Ausübung politischer Rechte; und

b) vom Veranstalter oder Betreiber ein Schutzkonzept vorgelegt wird, das die Präventionsmassnahmen nach Art. 5 Abs. 2 umfasst.

Art. 7

Aufsicht

1) Das Amt für Gesundheit überwacht die Einhaltung der Massnahmen nach Art. 5.

2) Das Amt für Gesundheit darf in den Betrieben und an Örtlichkeiten jederzeit unangemeldet Kontrollen durchführen.

3) Die Betreiber und Veranstalter haben dem Amt für Gesundheit den Zutritt zu den Räumlichkeiten und Örtlichkeiten zu gewähren.

4) Die Anordnungen des Amtes für Gesundheit bei Kontrollen vor Ort sind unverzüglich umzusetzen.

IV. Schlussbestimmungen

Art. 8

Aufhebung bisherigen Rechts

Die Verordnung vom 28. Februar 2020 über Massnahmen zur Bekämpfung des Coronavirus (COVID-19), LGBl. 2020 Nr. 72, wird aufgehoben.

Art. 9

Inkrafttreten und Geltungsdauer

1) Diese Verordnung tritt am Tag der Kundmachung in Kraft.

2) Diese Verordnung gilt vorbehaltlich Abs. 3 so lange wie nötig, höchstens jedoch für die Dauer von sechs Monaten ab Inkrafttreten. Die Regierung hebt sie ganz oder teilweise auf, sobald die Massnahmen nicht mehr nötig sind.

3) Die Art. 5 bis 7 gelten bis zum 30. April 2020.

Anhang

(Art. 2 Abs. 2)

Liste der Risikoländer und -regionen

- Italien

Verordnung (LGBl. 2020 Nr. 72 aufgehoben mit 13.03.2020)

vom 28. Februar 2020

über Massnahmen zur Bekämpfung des Coronavirus (COVID-19)

Aufgrund von Art. 40 des Bundesgesetzes vom 28. September 2012 über die Bekämpfung übertragbarer Krankheiten des Menschen (Epidemiengesetz, EpG), SR 818.101, verordnet die Regierung:

Art. 1

Zweck

1) Diese Verordnung bezweckt, Massnahmen gegenüber der Bevölkerung zur Verminderung des Übertragungsrisikos des Coronavirus (COVID-19) zu treffen.

2) Die Massnahmen dienen dazu:

a) die Verbreitung des Coronavirus (←COVID-19) in Liechtenstein zu verhindern oder einzudämmen;

b) die Häufigkeit von Übertragungen zu reduzieren, Übertragungsketten zu unterbrechen und lokale Ausbrüche zu verhindern oder einzudämmen;

c) besonders vulnerable Personen sowie Personen mit erhöhtem Komplikationsrisiko zu schützen.

Art. 2

Veranstaltungsverbot

1) Es ist verboten, öffentliche oder private Veranstaltungen bei der sich gleichzeitig mehr als 1000 Personen aufhalten, in Liechtenstein durchzuführen.

2) Bei öffentlichen oder privaten Veranstaltungen, bei denen weniger als 1000 Personen teilnehmen, müssen die Veranstalter zusammen mit dem Amt für Gesundheit eine Risikoabwägung vornehmen, ob sie die Veranstaltung durchführen können oder nicht.

3) Das Veranstaltungsverbot gilt bis zum 15. März 2020.

Art. 3

Aufsicht

1) Das Amt für Gesundheit überwacht die Einhaltung der Massnahmen nach Art. 2.

2) Das Amt für Gesundheit darf an Veranstaltungsorten jederzeit unangemeldet Kontrollen durchführen. Ihm ist der Zutritt zu den Räumlichkeiten und Veranstaltungsorten zu gewähren.

3) Bei Kontrollen vor Ort sind die Anordnungen des Amtes für Gesundheit unverzüglich umzusetzen.

Art. 4

Inkrafttreten und Geltungsdauer

Diese Verordnung tritt am Tag der Kundmachung in Kraft und gilt bis zum 15. März 2020.

Basierend auf der

II.Kundmachung

vom 7. April 2020 der aufgrund des Zollvertrages im Fürstentum Liechtenstein anwendbaren schweizerischen Rechtsvorschriften (Anlagen I und II)[17]
ist zudem die
Verordnung 2 vom 13. März 2020 über Massnahmen zur Bekämpfung des
Coronavirus (COVID-19) (COVID-19-Verordnung 2; SR 818.101.24[18])
anwendbar, mit Ausnahme von Art. 10 und nach Massgabe der liechtensteinischen Verordnung über Massnahmen zur Bekämpfung des Coronavirus
(COVID-19)

**Verordnung 2 über Massnahmen zur Bekämpfung des Coronavirus
(COVID-19)**

(COVID-19-Verordnung 2)

vom 13. März 2020 (Stand am 30. April 2020)

Der Schweizerische Bundesrat,

gestützt auf Artikel 7 des Epidemiengesetzes vom 28. September 2012 (EpG),
auf Anhang I Artikel 5 des Abkommens vom 21. Juni 1999 zwischen der
Schweizerischen Eidgenossenschaft einerseits und der Europäischen Gemeinschaft und ihren Mitgliedstaaten andererseits über die Freizügigkeit und auf
Artikel 28 der Verordnung (EU) 2016/399 des Europäischen Parlaments und
des Rates vom 9. März 2016 über einen Gemeinschaftskodex für das
Überschreiten der Grenzen durch Personen (Schengener Grenzkodex),

verordnet:

---

[17] Die für Liechtenstein massgebliche Fassung und der Umfang der Anwendbarkeit einer schweizerischen Rechtsvorschrift richten sich nach dieser Kundmachung.
[18] https://www.admin.ch/opc/de/classified-compilation/20200744/index.html

1. Kapitel: Allgemeine Bestimmungen

Art. 1 Gegenstand und Zweck

1 Diese Verordnung ordnet Massnahmen gegenüber der Bevölkerung, Organisationen und Institutionen sowie den Kantonen an zur Verminderung des Übertragungsrisikos und zur Bekämpfung des Coronavirus (COVID-19).

2 Die Massnahmen dienen dazu:

a. die Verbreitung des Coronavirus (COVID-19) in der Schweiz zu verhindern oder einzudämmen;

b. die Häufigkeit von Übertragungen zu reduzieren, Übertragungsketten zu unterbrechen und lokale Ausbrüche zu verhindern oder einzudämmen;

c. besonders gefährdete Personen zu schützen;

d. die Kapazitäten der Schweiz zur Bewältigung der Epidemie sicherzustellen, insbesondere zur Aufrechterhaltung der Bedingungen für eine ausreichende Versorgung der Bevölkerung mit Pflege und Heilmitteln.

1 Eingefügt durch Ziff. I der V vom 16. März 2020, in Kraft seit 17. März 2020 (AS 2020 783).

Art. 1a Zuständigkeit der Kantone

Soweit diese Verordnung nichts anders bestimmt, behalten die Kantone ihre Zuständigkeiten.

Art. 1b Vollzug

Die Kantone überwachen die Einhaltung der Massnahmen auf ihrem Gebiet, soweit nicht der Bund für den Vollzug zuständig ist.

2. Kapitel: Aufrechterhaltung der Kapazitäten in der Gesundheitsversorgung

1. Abschnitt: Grundsatz

Art. 2 Grundsatz

1 Um die Kapazitäten der Schweiz zur Bewältigung der COVID-19-Epidemie aufrechtzuerhalten und um insbesondere die Bedingungen für eine ausreichende Versorgung der Bevölkerung mit Pflege und Heilmitteln zu gewährleisten, müssen insbesondere folgende Massnahmen getroffen werden:

a. Massnahmen zur Einschränkung der Einreise von Personen aus Risikoländern oder -regionen sowie der Ein- und Ausfuhr von Waren;

b. Kontrolle der Ausfuhr von für die Gesundheitsversorgung wichtigen Gütern;

c. Massnahmen zur Sicherstellung der Versorgung mit wichtigen medizinischen Gütern.

2 Als Risikoländer oder -regionen gelten namentlich Länder oder Regionen, deren Behörden ausserordentliche Massnahmen zur Verhütung und Bekämpfung der COVID-19-Epidemie angeordnet haben. Die Liste der Risikoländer oder -regionen wird in Anhang 1 dieser Verordnung veröffentlicht. Das Eidgenössische Justiz- und Polizeidepartement (EJPD) erstellt die Liste und führt sie laufend nach, nach Rücksprache mit dem Eidgenössischen Departement des Inneren (EDI) und dem Eidgenössischen Departement für auswärtige Angelegenheiten (EDA).

2. Abschnitt: Einschränkungen beim Grenzübertritt

Art. 3 Grenzübertritt und Kontrolle

1 Die für die Grenzkontrolle zuständige Behörde verweigert allen Personen aus einem Risikoland oder aus einer Risikoregion die Einreise in die Schweiz, sofern sie nicht eine der folgenden Voraussetzungen erfüllen:

a. Sie verfügen über das Schweizer Bürgerrecht.

b. Sie verfügen über ein Reisedokument und:

1. einen Aufenthaltstitel, namentlich eine schweizerische Aufenthaltsbewilligung, eine Grenzgängerbewilligung, ein von der Schweiz ausgestelltes Visum mit dem Zweck «geschäftliche Besprechungen» als Spezialistinnen und Spezialisten im Zusammenhang mit dem Gesundheitsbereich oder mit dem Zweck «offizieller Besuch» von grosser Bedeutung; oder

2. eine Zusicherung der Aufenthaltsbewilligung.

c. Sie sind Freizügigkeitsberechtigte und haben einen beruflichen Grund für die Einreise in die Schweiz und besitzen eine Meldebestätigung.

d. Sie führen einen gewerblichen Warentransport aus und besitzen einen Warenlieferschein.

e. Sie reisen lediglich zur Durchreise in die Schweiz ein mit der Absicht und der Möglichkeit, direkt in ein anderes Land weiterzureisen.

f. Sie befinden sich in einer Situation der äussersten Notwendigkeit.

g. Sie sind als Spezialistinnen und Spezialisten im Zusammenhang mit dem Gesundheitsbereich von grosser Bedeutung.

1bis Die Einreise mit einer Grenzgängerbewilligung nach Absatz 1 Buchstabe b Ziffer 1 ist nur zu beruflichen Zwecken zulässig.

2 Die betreffenden Personen müssen glaubhaft machen, dass sie eine der obengenannten Voraussetzungen erfüllen. Das Staatssekretariat für Migration erlässt die notwendigen Weisungen.

3 Entscheide der zuständigen Behörden können sofort vollstreckt werden. Allfällige Beschwerden gegen diese Entscheide haben keine aufschiebende Wirkung. Artikel 65 des Ausländer- und Integrationsgesetzes vom 16. Dezember 20057 (AIG) gilt sinngemäss.

4 Die Strafbestimmungen von Artikel 115 AIG gelten sinngemäss. Bei Verletzung der Einreisebestimmung kann zudem ein Einreiseverbot ausgesprochen werden.

5 Einreisen von Ausländerinnen und Ausländern über die Schengen-Binnen- und —Aussengrenzen an den Flughäfen können ebenfalls verweigert werden, wenn keine der Voraussetzungen gemäss Absatz 1 erfüllt ist. Das EJPD bestimmt nach Rücksprache mit dem EDI und dem EDA, bei welchen Risikoländern oder -regionen diese Massnahme erforderlich ist. Die Absätze 2 und 4 werden diesfalls analog angewendet.

Art. 3a Verbot von Einkaufstourismus

Die Einfuhr von Waren über einen terrestrischen Grenzübergang aus einem Nachbarstaat, der ein Risikoland ist, ist verboten, wenn diese im Rahmen einer Reise erworben worden sind, die ausschliesslich dem Einkaufstourismus gedient hat.

Art. 4 Bestimmungen zum grenzüberschreitenden Personen- und Warenverkehr

1 Das EJPD bestimmt nach Rücksprache mit dem EDI, dem Eidgenössischen Departement für Umwelt, Verkehr, Energie und Kommunikation (UVEK), dem

Eidgenössischen Finanzdepartement (EFD) und dem EDA über Einschränkungen im Strassen-, Schienen-, Schiffs- und Luftpersonenverkehr aus Risikoländern oder -regionen.

2 Es kann insbesondere den Personenverkehr auf einzelnen Verkehrsarten auf gewisse Kurse, Linien oder Flüge beschränken, einzelne Grenzübergangsstellen, -häfen oder -flughäfen für den Personenverkehr aus Risikoländern oder -regionen sperren oder den Personenverkehr aus Risikoländern oder -regionen in die Schweiz ganz untersagen.

3 Einschränkung des grenzüberschreitenden Personenverkehrs werden in Anhang 2 aufgeführt.

4 Die Eidgenössische Zollverwaltung (EZV) kann die Schliessung von untergeordneten kleinen terrestrischen Grenzübergängen für den Personen- und Warenverkehr selbstständig anordnen und vollziehen, sofern und solange dies aufgrund der Lage notwendig ist. Sie teilt angeordnete Schliessungen umgehend dem EJPD, dem UVEK und dem EDA mit. Sie kennzeichnet geschlossene Grenzübergänge als solche und veröffentlicht die aktuelle Liste der offenen terrestrischen Grenzübergänge auf ihrer Website.

5 Sie bestimmt, an welchen Grenzübergängen im Strassenverkehr vorrangige Fahrspuren (Green Lanes) für wichtige Güter zur Aufrechterhaltung der wirtschaftlichen Landesversorgung sowie für Personen prioritärer Berufsgruppen, insbesondere für Personen, die im Gesundheitsbereich tätig sind, eingerichtet werden. Sie legt die Benutzungsbedingungen der Green Lanes betreffend wichtige Güter im Einvernehmen mit dem Fachbereich Logistik der Organisation der wirtschaftlichen Landesversorgung fest. Sie hört die Kantone betreffend die Benutzung der Green Lanes durch Personen prioritärer Berufsgruppen an. Sie veröffentlicht die aktuelle Liste der Green Lanes sowie die Benutzungsbedingungen auf ihrer Website.

Art. 4a Erteilung von Visa

Die Erteilung von Schengen-Visa sowie von nationalen Visa und Ermächtigungen zur Visa-Ausstellung an Personen aus Risikoländern oder -regionen gemäss Anhang 1 wird eingestellt. Ausgenommen davon sind Gesuche von Personen, die sich in einer Situation der äussersten Notwendigkeit befinden oder als Spezialistinnen oder Spezialisten im Zusammenhang mit dem Gesundheitsbereich von grosser Bedeutung sind.

3. Abschnitt: Ausfuhrkontrolle für Schutzausrüstung

Art. 4b Ausfuhrbewilligung

1 Für die Ausfuhr der in Anhang 3 aufgeführten Schutzausrüstung und wichtigen medizinischen Güter aus dem Zollgebiet ist eine Bewilligung des Staatssekretariats für Wirtschaft (SECO) erforderlich, gegebenenfalls zusätzlich zur erforderlichen Bewilligung nach dem Heilmittel- und dem Betäubungsmittelrecht.

2 Absatz 1 findet keine Anwendung auf die Ausfuhr von Schutzausrüstung und von wichtigen medizinischen Gütern:

a. soweit die Reziprozität gewährleistet ist, in EU-Mitgliedstaaten, in die in Anhang II des Vertrags vom 13. Dezember 20074 über die Arbeitsweise der Europäischen Union (konsolidierte Fassung) aufgeführten überseeischen Länder und Hoheitsgebiete sowie nach Norwegen und Island, in das Vereinigte Königreich, die Färöer, nach Andorra, San Marino und in die Vatikanstadt;

b. durch medizinisches Personal und Personal des Katastrophen- und des Zivilschutzes zur Berufsausübung oder zur Erstehilfeleistung;

c. durch andere Personen für den eigenen Bedarf;

d. als Ausrüstungen für die Erstehilfeleistung oder für sonstige dringende Fälle in Autobussen, Eisenbahnzügen, Luftfahrzeugen oder Schiffen im internationalen Verkehr;

e. zur Versorgung von:

1. Schweizer Auslandsvertretungen, Auslandsmissionen und Einsätzen bei der Europäischen Grenz- und Küstenwache Frontex,

2. schweizerischen öffentlichen Institutionen im Ausland,

3. Angehörigen der Armee im Auslandseinsatz,

4. Schweizer Angehörigen internationaler Polizeimissionen oder ziviler internationaler Friedensmissionen.

Art. 4c Verfahren und Entscheid

1 Das Gesuch ist auf der elektronischen Bewilligungsplattform ELIC des SECO einzureichen.

87

2 Das SECO entscheidet innerhalb von fünf Arbeitstagen nach Eingang des vollständigen Gesuchs. Sind besonders aufwendige Abklärungen erforderlich, so kann diese Frist um weitere fünf Arbeitstage verlängert werden.

3 Das SECO eröffnet den Entscheid dem Gesuchsteller in elektronischer Form.

4 Eine Bewilligung wird erteilt, wenn der Bedarf an Schutzausrüstung und wichtigen medizinischen Gütern nach Anhang 3 für Gesundheitseinrichtungen, weiteres medizinisches Personal, Patientinnen und Patienten, den Bevölkerungs- und Zivilschutz sowie Behörden und Organisationen für Rettung und Sicherheit in der Schweiz genügend abgedeckt ist.

5 Das SECO hört vor seinem Entscheid das Bundesamt für wirtschaftliche Landesversorgung, das Bundesamtes für Gesundheit (BAG), das Bundesamt für Bevölkerungsschutz und den Koordinierten Sanitätsdienst (KSD) an. Die zuständigen Stellen geben insbesondere bekannt, welche Menge an Schutzausrüstung oder wichtigen medizinischen Gütern im Rahmen der Meldepflicht nach Artikel 4e Absätze 2–4 gemeldet wurde.

6 Das SECO kann ausländische Behörden konsultieren, ihnen sachdienliche Angaben übermitteln und von ihnen erhaltene Informationen bei der Beurteilung berücksichtigen.

7 Bei der Entscheidung über die Erteilung einer Bewilligung werden alle relevanten Erwägungen zugrunde gelegt, einschliesslich gegebenenfalls die Frage, ob die Ausfuhr der Unterstützung dient von:

a.   Staaten oder internationalen Organisationen, die ein Ersuchen an die Schweiz gerichtet haben;

b.   Hilfsorganisationen im Ausland, die nach der Genfer Flüchtlingskonvention4 geschützt sind;

c.   dem Globalen Netzwerk für Warnungen und Gegenmassnahmen (GOARN) der Weltgesundheitsorganisation (WHO).

4. Abschnitt: Versorgung mit wichtigen medizinischen Gütern

Art. 4d Begriff

1 Als wichtige und zur Verhütung und Bekämpfung des Coronavirus (COVID-19) dringend benötigte Arzneimittel, Medizinprodukte und Schutzausrüstungen (wichtige medizinische Güter) gelten die Güter, die in den Listen in Anhang 4 aufgeführt sind.

2 Das BAG verantwortet die Liste und führt diese nach Rücksprache mit der Armeeapotheke, dem Labor Spiez und dem Fachbereich Heilmittel der Organisation der wirtschaftlichen Landesversorgung laufend hinsichtlich der zu beschaffenden Güter nach und bestimmt die jeweils benötigten Mengen.

Art. 4e Meldepflicht

1 Die Kantone sind verpflichtet, dem KSD die aktuellen Bestände der wichtigen medizinischen Güter in ihren Gesundheitseinrichtungen regelmässig zu melden. Die Absätze 2 und 3 bleiben vorbehalten.

2 Die Kantone, die Spitäler sowie die Hersteller und die Vertreiber von Arzneimitteln sind verpflichtet, dem Fachbereich Heilmittel der Organisation der wirtschaftlichen Landesversorgung regelmässig die aktuellen Bestände bestimmter Arzneimittel nach Anhang 4 Ziffer 1 zu melden.

3 Laboratorien sowie Hersteller und Vertreiber von In-vitro-Diagnostika («COVID-19-Tests») sind verpflichtet, dem Labor Spiez die aktuellen Bestände solcher Tests regelmässig zu melden.

4 Der KSD kann bei Unternehmen, die wichtige medizinische Güter lagern, Angaben zu den Beständen einfordern.

Art. 4f Beschaffung von wichtigen medizinischen Gütern

1 Zur Unterstützung der Versorgung der Kantone und ihrer Gesundheitseinrichtungen, von gemeinnützigen Organisationen (z. B. Schweizerisches Rotes Kreuz) und von Dritten (z. B. Labors, Apotheken) können wichtige medizinische Güter beschafft werden, falls über die normalen Beschaffungskanäle der Bedarf nicht gedeckt werden kann.

2 Die fehlenden wichtigen medizinischen Güter werden auf der Grundlage der nach Artikel 4e übermittelten Daten bestimmt.

3 Für die Beschaffung von wichtigen medizinischen Gütern nach Absatz 1 sind im Auftrag des BAG zuständig:

a. für Medizinprodukte und Schutzausrüstungen: die Armeeapotheke;

b. für Arzneimittel: das BAG im Einvernehmen mit dem Fachbereich Heilmittel der Organisation der wirtschaftlichen Landesversorgung.

4 Die zuständigen Behörden können Dritte mit der Beschaffung von wichtigen medizinischen Gütern beauftragen.

5 Bei der Beschaffung von wichtigen medizinischen Gütern kann die Armeeapotheke kalkulierbare Risiken eingehen und nach Genehmigung der Eidgenössischen Finanzverwaltung von den bestehenden Weisungen und dem Finanzhaushaltgesetz vom 7. Oktober 20051 in Bezug auf Risiken, wie zum Beispiel Anzahlungen ohne Sicherheiten oder Währungsabsicherungen, abweichen.

Art. 4g Zuteilung von wichtigen medizinischen Gütern

1 Die Kantone stellen bei Bedarf Zuteilungsgesuche an den KSD.

2 Die Zuteilung erfolgt laufend aufgrund der Versorgungslage und der aktuellen Fallzahlen in den jeweiligen Kantonen.

3 Der KSD kann im Einvernehmen mit dem BAG und dem Fachbereich Heilmittel der Organisation der wirtschaftlichen Landesversorgung wichtige medizinische Güter an die Kantone, an gemeinnützige Organisationen sowie an Dritte zuteilen.

4 Für die Zuteilung von In-vitro-Diagnostika («COVID-19-Tests») ist das Labor Spiez im Einvernehmen mit dem BAG zuständig. Die Zuteilung erfolgt für alle in der Schweiz vorhandenen Tests.

Art. 4h Lieferung und Verteilung von wichtigen medizinischen Gütern

1 Der Bund oder die von ihm beauftragten Dritten sorgen für die Lieferung der nach Artikel 4f beschafften wichtigen medizinischen Güter an eine zentrale Anlieferstelle der Kantone. In Ausnahmefällen kann der Bund in Absprache mit den Kantonen anspruchsberechtigte Einrichtungen und Organisationen direkt beliefern.

2 Die Kantone bezeichnen für Güter, die nicht direkt an die Empfänger geliefert werden, kantonale Anlieferstellen und melden diese den zuständigen Bundesbehörden.

3 Sie sorgen bei Bedarf für die rechtzeitige Weiterverteilung der angelieferten wichtigen medizinischen Güter in ihrem Gebiet.

Art. 4hbis Direktvermarktung durch den Bund

Der Bund kann die nach Artikel 4d definierten wichtigen medizinischen Güter gegen Bezahlung im Markt selber oder durch Dritte vertreiben.

1 Eingefügt durch Ziff. I der V vom 29. April 2020 (Transitionsschritt 2: Schulen und Einkaufsläden sowie Sportbereich), in Kraft seit 30. April 2020 (AS 2020 1401).

Art. 4i Kosten

1 Die Kosten für die Beschaffung wichtiger medizinischer Güter werden vom Bund vorfinanziert, soweit er die Güter beschafft.

2 Die Kantone, die gemeinnützigen Organisationen sowie Dritte erstatten dem Bund so rasch wie möglich die Einkaufskosten für die ihnen gelieferten wichtigen medizinischen Güter, deren Beschaffung der Bund gemäss Artikel 4f Absatz 1 übernommen hat.

3 Der Bund trägt die Kosten für die Lieferung der beschafften wichtigen medizinischen Güter an die Kantone.

4 Die Kantone tragen die Kosten für die Weiterverteilung dieser wichtigen medizinischen Güter innerhalb des Kantons.

Art. 4j Einziehung

1 Kann die Versorgung mit wichtigen medizinischen Gütern nach Artikel 4f nicht gewährleistet werden, so kann das EDI einzelne Kantone oder öffentliche Gesundheitseinrichtungen, die über ausreichende Lagerbestände der Arzneimittel nach Anhang 4 Ziffer 1 verfügen, verpflichten, Teile ihrer Lagerbestände an andere Kantone oder Gesundheitseinrichtungen zu liefern.

Die Kosten der Lieferung und der Güter werden von den Kantonen bzw. Gesundheitseinrichtungen zum Einkaufspreis direkt an den Empfänger verrechnet.

2 Unter der Voraussetzung von Absatz 1 kann das EDI in Unternehmen vorhandene wichtige medizinische Güter einziehen lassen. Der Bund richtet eine Entschädigung zum Einkaufspreis aus.

Art. 4k Herstellung

1 Kann die Versorgung mit wichtigen medizinischen Gütern nach Artikel 4f anderweitig nicht gewährleistet werden, so kann der Bundesrat Hersteller verpflichten, wichtige medizinische Güter herzustellen, die Produktion solcher Güter zu priorisieren oder die Produktionsmengen zu erhöhen.

2 Der Bund kann Beiträge an Produktionen nach Absatz 1 leisten, sofern die Hersteller infolge der Produktionsumstellung oder der Stornierung privater Aufträge finanzielle Nachteile erleiden.

Art. 4l Ausnahmen von der Zulassungspflicht für Arzneimittel

1 Arzneimittel, die mit Wirkstoffen nach Anhang 5 für die Behandlung von COVID-19-Patientinnen und -Patienten hergestellt werden, dürfen nach Einreichung eines Zulassungsgesuchs für ein Arzneimittel mit einem dieser Wirkstoffe bis zum Zulassungsentscheid der Swissmedic ohne Zulassung in Verkehr gebracht werden. Die Swissmedic kann im Rahmen der Prüfung von Zulassungsgesuchen auf der Grundlage einer Nutzen-/Risiko-Analyse bei diesen Arzneimitteln Abweichungen von den geltenden heilmittelrechtlichen Vorgaben bewilligen.

2 Änderungen der Zulassung eines in der Schweiz zugelassenen Arzneimittels mit einem Wirkstoff nach Anhang 4 Ziffer 1, der zur Verhütung und Bekämpfung des Coronavirus in der Schweiz eingesetzt wird, dürfen nach Einreichung eines entsprechenden Änderungsgesuchs sofort umgesetzt werden. Die Swissmedic kann auf der Grundlage einer Nutzen-/Risiko-Analyse bei diesen Änderungen Abweichungen von den geltenden heilmittelrechtlichen Vorgaben bewilligen.

3 Das BAG führt die Liste in Anhang 5 nach Anhörung der Swissmedic laufend nach.

4 Die Swissmedic kann auf der Grundlage einer Nutzen-/Risiko-Analyse bei Arzneimitteln zur Verhütung und Bekämpfung des Coronavirus in der Schweiz Abweichungen von dem im Rahmen der Zulassung genehmigten Herstellungsprozess bewilligen. Sie legt Kriterien fest, unter denen die fachtechnisch verantwortliche Person eine vorzeitige Marktfreigabe für Arzneimittel zur Verhütung und Bekämpfung des Coronavirus in der Schweiz erteilen kann.

Art. 4m Ausnahmen von den Bestimmungen für die Einfuhr von Arzneimitteln

1 Apothekerinnen und Apotheker, die in einer Spitalapotheke die pharmazeutische Verantwortung innehaben, dürfen nicht zugelassene Arzneimittel mit Wirkstoffen nach Anhang 5 für die Behandlung von COVID-19-Patientinnen und -Patienten einführen. Mit der Einfuhr solcher Arzneimittel kann ein Betrieb mit Grosshandels- oder Einfuhrbewilligung beauftragt werden.

2 Die Einfuhr ist der Swissmedic innerhalb von 10 Tagen nach Wareneingang zu melden.

3 Zur Verhütung und Bekämpfung des Coronavirus in der Schweiz kann die Swissmedic das zeitlich begrenzte Inverkehrbringen eines Arzneimittels als Überbrückung einer temporären Nichtverfügbarkeit eines identischen, in der Schweiz zugelassenen Arzneimittels bewilligen, sofern in der Schweiz kein im Wesentlichen gleiches Arzneimittel zugelassen und verfügbar ist.

Art. 4n Ausnahmen für Medizinprodukte

1 Die Swissmedic kann auf Gesuch hin das Inverkehrbringen und die Inbetriebnahme von Medizinprodukten, für die kein Konformitätsbewertungsverfahren nach Artikel 10 der Medizinprodukteverordnung vom 17. Oktober 20011 (MepV) durchgeführt wurde, bewilligen, wenn deren Verwendung zur Verhütung und Bekämpfung des Coronavirus in der Schweiz im Interesse der öffentlichen Gesundheit oder der Patientensicherheit oder -gesundheit liegt und unter Berücksichtigung ihrer Zweckbestimmung die Erfüllung der grundlegenden Anforderungen sowie die Wirksamkeit und Leistung ausreichend nachgewiesen wird.

2 Im Rahmen der Risikoabwägung nach Absatz 1 berücksichtigt die Swissmedic insbesondere den durch das BAG ausgewiesenen Beschaffungsbedarf zur Verhütung und Bekämpfung des Coronavirus in der Schweiz.

3 Die Bewilligungserteilung wird gegenüber dem Schweizer Inverkehrbringer oder der gesuchstellenden Institution oder Gesundheitseinrichtung verfügt. Sie kann befristet werden und unter Auflagen oder Bedingungen erfolgen.

3bis Gesichtsmasken, für die kein Konformitätsbewertungsverfahren nach Artikel 10 MepV durchgeführt wurde, können ohne Bewilligung nach Absatz 1 in Verkehr gebracht werden, wenn:

a. sie ausschliesslich für die nicht medizinische Verwendung in Verkehr gebracht werden; und

b. ihre Funktionsfähigkeit durch ein Schweizer Prüflabor, das gemäss der europäischen Norm SN EN ISO/IEC 17025, 2005, «Allgemeine Anforderungen an die Kompetenz von Prüf- und Kalibrierlaboratorien»2 akkreditiert ist, nachgewiesen worden ist.

3ter Gesichtsmasken, die nach Absatz 3bis in Verkehr gebracht werden, dürfen nicht in Spitälern oder Arztpraxen für den direkten Kontakt mit Patientinnen und Patienten angewendet werden.

4 Die Pflichten zur Produktebeobachtung nach der MepV, insbesondere die Sammel- und Meldepflichten betreffend schwerwiegende Vorkommnisse, gelten weiterhin.

Art. 4o Ausnahmen für persönliche Schutzausrüstungen

1 Für die Schutzausrüstungen nach Anhang 4 Ziffer 3, die in der Schweiz hergestellt und in Verkehr gebracht werden oder die in die Schweiz eingeführt und hier in Verkehr gebracht werden, kann von den Grundsätzen und Verfahren für die Konformitätsbewertung nach Artikel 3 Absatz 2 der PSA-Verordnung vom 25. Oktober 20171 (PSAV) abgewichen werden, wenn ihre Verwendung zur Verhütung und Bekämpfung des Coronavirus in der Schweiz im Interesse der öffentlichen Gesundheit oder der Patientensicherheit oder -gesundheit liegt.

2 Abweichungen nach Absatz 1 sind zulässig, sofern ein angemessenes Sicherheitsniveau im Hinblick auf die geltenden rechtlichen Anforderungen gemäss PSAV gewährleistet ist und die Herstellung erfolgt nach:

a. einer harmonisierten europäischen Norm mit ausstehendem Konformitätsbewertungsverfahren;

b. einer in den WHO-Richtlinien genannten Norm; oder

c. einer anderen, nicht-europäischen Norm oder einer anderen technischen Lösung.

3 Die Kontrollorgane, die gemäss Artikel 3 der Verordnung des WBF vom 18. Juni 20102 über den Vollzug der Marktüberwachung nach dem 5. Abschnitt der Verordnung über die Produktesicherheit für die PSA nach Anhang 4 Ziffer 3 zuständig sind, überprüfen und genehmigen spezifische technische Lösungen gemäss Absatz 2.

3. Kapitel: Massnahmen gegenüber der Bevölkerung, Organisationen und Institutionen

Art. 5 Schulen, Hochschulen und weitere Ausbildungsstätten

1 Präsenzveranstaltungen in Schulen, Hochschulen und übrigen Ausbildungsstätten sind verboten.

2 Prüfungen, für die bereits ein Termin festgelegt wurde, können unter Einhaltung geeigneter Schutzmassnahmen durchgeführt werden.

3 Die Kantone sorgen für die notwendigen Betreuungsangebote für Kinder, die nicht privat betreut werden können. Besonders gefährdete Personen dürfen dazu nicht eingebunden werden.

4 Kindertagesstätten dürfen nur geschlossen werden, wenn die zuständigen Behörden andere geeignete Betreuungsangebote vorsehen.

Art. 6 Veranstaltungen und Betriebe

1 Es ist verboten, öffentliche oder private Veranstaltungen, einschliesslich Sportveranstaltungen und Vereinsaktivitäten durchzuführen.

2 Öffentlich zugängliche Einrichtungen sind für das Publikum geschlossen, namentlich:

a. Einkaufsläden und Märkte;

b. Restaurationsbetriebe;

c. Barbetriebe sowie Diskotheken, Nachtklubs, Erotikbetriebe und Angebote der Prostitution, einschliesslich solcher in privaten Räumlichkeiten;

d. Unterhaltungs- und Freizeitbetriebe, namentlich Museen, Bibliotheken, Kinos, Konzerthäuser, Theater, Casinos, Sportzentren, Fitnesszentren,

Schwimmbäder, Wellnesszentren, Skigebiete, botanische und zoologische Gärten und Tierparks;

e. ...

f. Campingplätze.

3 Die Absätze 1 und 2 gelten nicht für folgende Einrichtungen und Veranstaltungen, sofern sie über ein Schutzkonzept nach Artikel 6a verfügen:

a. Lebensmittelläden und sonstige Läden (z. B. Kioske, Tankstellenshops), soweit sie Lebensmittel oder Gegenstände für den täglichen Bedarf anbieten;

b. Imbiss-Betriebe (Take-away), Betriebskantinen, Lieferdienste für Mahlzeiten und Restaurationsbetriebe für Hotelgäste;

c. Apotheken, Drogerien und Läden für medizinische Hilfsmittel (z.B. Brillen, Hörgeräte);

d. Poststellen und Postagenturen;

e. Verkaufsstellen von Telekommunikationsanbietern;

f. Banken;

g. Tankstellen;

h. Bahnhöfe und andere Einrichtungen des öffentlichen Verkehrs;

i. Werkstätten für Transportmittel;

j. öffentliche Verwaltung;

k. soziale Einrichtungen (z.B. Anlaufstellen);

l. Beerdigungen im Familienkreis;

m. Gesundheitseinrichtungen wie Spitäler, Kliniken und Arztpraxen sowie Praxen und Einrichtungen von Gesundheitsfachpersonen nach Bundesrecht und kantonalem Recht;

n. Hotels und Beherbergungsbetriebe sowie Stellplätze für Wohnwagen und Wohnmobile, die für eine Dauermiete oder für Fahrende vorgesehen sind;

o. Bau- und Gartenfachmärkte, einschliesslich Gärtnereien und Blumenläden;

p. Betriebe mit personenbezogenen Dienstleistungen mit Körperkontakt wie Coiffeure, Massagen, Tattoo-Studios und Kosmetik;

q. Einrichtungen zur Selbstbedienung wie Solarien, Autowaschanlagen oder Blumenfelder.

4 Die Einrichtungen und Veranstaltungen nach Absatz 3 müssen die Empfehlungen des BAG betreffend Hygiene und sozialer Distanz einhalten. Die Anzahl der anwesenden Personen ist entsprechend zu limitieren, und Menschenansammlungen sind zu verhindern.

Art. 6a Schutzkonzept

1 Betreiber von Einrichtungen und Organisatoren von Veranstaltungen nach Artikel 6 Absatz 3 müssen durch die Erarbeitung und Umsetzung eines Schutzkonzepts gewährleisten, dass das Übertragungsrisiko minimiert wird für:

a. Kundinnen und Kunden, Besucherinnen und Besucher sowie Teilnehmerinnen und Teilnehmer; und

b. die im Betrieb oder an der Veranstaltung tätigen Personen.

2 Das BAG legt in Zusammenarbeit mit dem SECO die gesundheits- und arbeitsrechtlichen Vorgaben bezüglich der Schutzkonzepte fest.

3 Die Branchen- oder Berufsverbände erarbeiten nach Möglichkeit branchenbezogene Grobkonzepte, welche die Vorgaben nach Absatz 2 beachten. Sie hören hierzu die Sozialpartner an.

4 Die Betreiber und Organisatoren stützen ihre Schutzkonzepte vorzugsweise auf die Grobkonzepte ihrer Branche nach Absatz 3 ab oder direkt auf die Vorgaben nach Absatz 2.

5 Die zuständigen kantonalen Behörden schliessen einzelne Einrichtungen oder verbieten einzelne Veranstaltungen, falls kein ausreichendes Schutzkonzept vorliegt oder dieses nicht eingehalten wird.

Art. 6b Versammlungen von Gesellschaften

1 Bei Versammlungen von Gesellschaften kann der Veranstalter ungeachtet der voraussichtlichen Anzahl Teilnehmerinnen und Teilnehmer und ohne Einhaltung der Einladungsfrist anordnen, dass die Teilnehmerinnen und Teilnehmer ihre Rechte ausschliesslich ausüben können:

a. auf schriftlichem Weg oder in elektronischer Form; oder

b. durch einen vom Veranstalter bezeichneten unabhängigen Stimmrechtvertreter.

2 Der Veranstalter entscheidet während der Frist gemäss Artikel 12 Absatz 8.2 Die Anordnung muss spätestens vier Tage vor der Veranstaltung schriftlich mitgeteilt oder elektronisch veröffentlicht werden.

Art. 7 Ausnahmen

Die zuständige kantonale Behörde kann Ausnahmen von den Verboten nach den Artikeln 5 und 6 bewilligen, wenn:

a. überwiegende öffentliche Interessen dies gebieten, beispielsweise für Bildungseinrichtungen und bei Versorgungproblemen; und

b. von der Ausbildungsinstitution, dem Veranstalter oder dem Betreiber ein Schutzkonzept vorgelegt wird, das folgende Präventionsmassnahmen umfasst:

1. Massnahmen zum Ausschluss von Personen, die krank sind oder sich krank fühlen,

2. Massnahmen zum Schutz von besonders gefährdeten Personen,

3. Massnahmen zur Information der anwesenden Personen über allgemeine Schutzmassnahmen wie Händehygiene, Abstandhalten oder Husten- und Schnupfenhygiene,

4. Anpassungen der räumlichen Verhältnisse so, dass die Empfehlungen des BAG betreffend Hygiene und soziale Distanz eingehalten werden.

Art. 7a Versorgung der Bevölkerung mit Lebensmitteln

1 Postanbieterinnen im Sinne von Artikel 1 Buchstabe a der Postverordnung vom 29. August 20122 sind ermächtigt, der Bevölkerung online bestellte Lebensmittel und Gegenstände für den täglichen Bedarf an sieben Tagen pro Woche in allen Landesteilen zuzustellen.

2 Eine Ausnahmebewilligung des SECO für Sonntagsarbeit und eine Ausnahmebewilligung vom Sonntagsfahrverbot für entsprechende Versorgungsfahrten sind dafür nicht erforderlich, vorausgesetzt die Postanbieterin ist bei der Eidgenössischen Postkommission gemeldet.

3 In Anwendung von Artikel 3 Absatz 3 des Strassenverkehrsgesetzes vom 19. Dezember 19583 sind die Postanbieterinnen für Fahrten nach Absatz 1 zudem von der Einhaltung von Fahrverboten und anderen Verkehrsbeschränkungen, insbesondere in Innenstädten und Fussgängerzonen, befreit.

Art. 7b Grundversorgung durch die Post

Das UVEK kann auf begründeten Antrag der Post die lokale, regionale oder überregionale vorübergehende Einschränkung oder die vorübergehende punktuelle Einstellung von Diensten der Grundversorgung in den Bereichen Postdienst und Dienstleistungen des Zahlungsverkehrs gemäss Postgesetz vom 17. Dezember 20102 (PG) genehmigen. Der Waren- und Zahlungsverkehr gemäss PG muss wenn immer möglich aufrechterhalten werden.

Art. 7c Verbot von Menschenansammlungen im öffentlichen Raum

1 Menschenansammlungen von mehr als 5 Personen im öffentlichen Raum, namentlich auf öffentlichen Plätzen, auf Spazierwegen und in Parkanlagen, sind verboten.

2 Bei Ansammlungen von bis zu 5 Personen ist zwischen den einzelnen Personen ein Abstand von mindestens zwei Metern einzuhalten.

3 Die Polizei und weitere durch die Kantone ermächtigte Vollzugsorgane sorgen für die Einhaltung der Vorgaben im öffentlichen Raum.

Art. 7d1Präventionsmassnahmen auf Baustellen und in der Industrie

1 Die Arbeitgeber im Bauhaupt- und -nebengewerbe und in der Industrie sind verpflichtet, die Empfehlungen des BAG betreffend Hygiene und soziale Distanz einzuhalten. Hierzu sind namentlich die Anzahl der anwesenden Personen auf Baustellen oder in Betrieben entsprechend zu limitieren, die Baustellen- und Betriebsorganisation anzupassen und die Nutzung namentlich von Pausenräumen und Kantinen in geeigneter Weise zu beschränken.

2 In Anwendung der Gesundheitsschutzbestimmungen von Artikel 6 des Arbeitsgesetzes vom 13. März 19643 obliegt der Vollzug von Absatz 1 den Vollzugsbehörden des Arbeitsgesetzes und des Bundesgesetzes vom 20. März 19814 über die Unfallversicherung.

3 Die zuständigen kantonalen Behörden können einzelne Betriebe oder Baustellen schliessen, falls die Pflichten nach Absatz 1 nicht eingehalten werden.

Art. 7e Ausnahmen für Kantone in besonderen Gefährdungslagen

1 Besteht in einem Kanton aufgrund der epidemiologischen Situation eine besondere Gefahr für die Gesundheit der Bevölkerung, so kann der Bundesrat ihn auf begründetes Gesuch hin ermächtigen, für eine begrenzte Zeit und für bestimmte Regionen eine Einschränkung oder Einstellung der Tätigkeit bestimmter Wirtschaftsbranchen anzuordnen.

2 Gesuche nach Absatz 1 können vom Bundesrat ganz oder teilweise bewilligt werden, wenn die folgenden Voraussetzungen erfüllt sind:

a. Der Kanton verfügt auch nach Unterstützung durch andere Kantone nicht über ausreichende Kapazitäten in der Gesundheitsversorgung.

b. Die betroffenen Branchen sind mit hoher Wahrscheinlichkeit nicht in der Lage, die Präventionsmassnahmen nach Artikel 7d Absatz 1 umzusetzen.

c. Die Sozialpartner stimmen den in Absatz 1 vorgesehenen Massahmen nach Anhörung zu.

d. Die Versorgung der Bevölkerung mit Gütern des täglichen Bedarfs und mit wesentlichen Dienstleistungen und die Versorgung der Gesundheitseinrichtungen sowie von deren Zuliefererbetrieben bleiben gewährleistet.

e. Die Funktionsfähigkeit der betroffenen Wirtschaftsbranchen ist aufgrund des Ausbleibens von Grenzgängern beeinträchtigt.

3 Gehen die von einem Kanton getroffenen Massnahmen über die Ermächtigung des Bundesrates hinaus, so entfällt für diesen die Kurzarbeitszeitentschädigung des Bundes.

4 Der Bundesrat kann einzelne für die Verfügbarkeit von Gütern des täglichen Bedarfs und von wesentlichen Dienstleistungen relevante Wirtschaftsbranchen oder Betriebe von der Beschränkung oder Einstellung der Tätigkeit ausnehmen.

5 Betriebe, die dem kantonalen Arbeitsinspektorat gegenüber glaubhaft machen, dass sie die Präventionsmassnahmen nach Artikel 7d Absatz 1 umsetzen, können ihren Betrieb weiterführen.

Art. 8 Kontrollen der Vollzugsorgane und Mitwirkungspflichten

1 Die zuständigen kantonalen Behörden können in den Betrieben und an Örtlichkeiten jederzeit unangemeldet Kontrollen durchführen.

2 Die Betreiber, Veranstalter und Arbeitgeber haben den zuständigen kantonalen Behörden den Zutritt zu den Räumlichkeiten und Örtlichkeiten zu gewähren.

3 Die Anordnungen der zuständigen kantonalen Behörden bei deren Kontrollen vor Ort sind unverzüglich umzusetzen.

Art. 9

1 Aufgehoben durch Ziff. I der V vom 1. April 2020, mit Wirkung seit 2. April 2020 (AS 2020 1131).

4. Kapitel: Gesundheitsversorgung

Art. 10 Meldepflicht1

Die Kantone sind verpflichtet, dem KSD regelmässig Folgendes zu melden:

a. Gesamtzahl und Auslastung der Spitalbetten;

b. Gesamtzahl und Auslastung der Spitalbetten, die für die Behandlung von COVID-19-Erkrankungen bestimmt sind, sowie Anzahl der aktuell behandelten Patientinnen und Patienten mit einer COVID-19-Erkrankung;

c. Gesamtzahl und Auslastung der Spitalbetten der Intensivpflege sowie Anzahl der aktuell in Intensivpflege behandelten und beatmeten Patientinnen und Patienten mit einer COVID-19-Erkrankung;

d. Gesamtzahl und Auslastung von Geräten zur extrakorporalen Membranoxygenierung (ECMO);

e. ...

f. Angaben zur Verfügbarkeit von Medizinal- und Pflegepersonal in Spitälern;

g. maximale Kapazität, namentlich Gesamtzahl aller Patientinnen und Patienten und Gesamtzahl von COVID-19-Patientinnen und -Patienten, die von ihren Spitälern unter Berücksichtigung der verfügbaren Betten und des verfügbaren Personals behandelt werden können.

Art. 10a Spitäler und Kliniken

1 ...

2 Die Kantone stellen sicher, dass in Spitälern und Kliniken im stationären Bereich für COVID-19-Patientinnen und -Patienten sowie für weitere medizinisch dringend angezeigte Untersuchungen und Behandlungen ausreichende Kapazitäten (namentlich Betten und Fachpersonal) zur Verfügung stehen, insbesondere in den Abteilungen der Intensivpflege und der Allgemeinen Inneren Medizin.

3 Sie können zu diesem Zweck die Spitäler und Kliniken verpflichten:

a. ihre Kapazitäten im stationären Bereich zur Verfügung zu stellen oder auf Abruf bereitzuhalten; und

b. medizinisch nicht dringend angezeigte Untersuchungen und Behandlungen zu beschränken oder einzustellen.

4 Die Spitäler und Kliniken müssen dafür sorgen, dass im ambulanten und im stationären Bereich die Versorgung mit Arzneimitteln für COVID-19-Patientinnen und —Patienten sowie für weitere medizinisch dringend angezeigte Untersuchungen und Behandlungen gewährleistet ist.

5 In den Spitalabteilungen, die infolge der COVID-19-Erkrankungen eine massive Zunahme der Arbeit erfahren, ist die Geltung der Bestimmungen des Arbeitsgesetzes vom 13. März 19647 betreffend Arbeits- und Ruhezeiten so lange sistiert, wie es die ausserordentliche Lage erfordert. Zeitliche oder finanzielle Kompensationen sind aber weiterhin zu gewähren. Die Arbeitgeber sind weiterhin verantwortlich für den Schutz der Gesundheit ihrer Arbeitnehmerinnen und Arbeitnehmer und müssen insbesondere dafür sorgen, dass diesen ausreichende Ruhezeiten gewährt werden.

Art. 10abisKostenübernahme für diagnostische molekularbiologische Analysen

1 Soweit die Kosten von diagnostischen molekularbiologischen Analysen auf SARS-CoV-2 bei symptomatischen Personen, welche die klinischen Kriterien gemäss den Verdachts-, Beprobungs- und Meldekriterien des BAG vom 22. April 20202 erfüllen, nicht nach dem Bundesgesetz vom 18. März 19943 über die Krankenversicherung und dem Bundesgesetz vom 20. März 19814 über die Unfallversicherung vergütet werden, gelten die Analysen als angeordnete ärztliche Untersuchungen nach den Artikeln 31 Absatz 1 sowie 36 EpG.

2 In diesen Fällen erfolgt die Kostenübernahme nach Artikel 71 Buchstabe a EpG durch den Kanton, in dem die betroffene Person Wohnsitz hat.

5. Kapitel: Besonders gefährdete Personen

Art. 10b Grundsatz

1 Besonders gefährdete Personen sollen zu Hause bleiben und Menschenansammlungen meiden. Verlassen sie das Haus, so treffen sie besondere Vorkehrungen, um die Empfehlungen des BAG betreffend Hygiene und soziale Distanz einhalten zu können.

2 Als besonders gefährdete Personen gelten Personen ab 65 Jahren und Personen, die insbesondere folgende Erkrankungen aufweisen: Bluthochdruck, Diabetes, Herz-Kreislauf-Erkrankungen, chronische Atemwegserkrankungen, Erkrankungen und Therapien, die das Immunsystem schwächen, Krebs.

3 Die Kategorien nach Absatz 2 werden in Anhang 6 anhand medizinischer Kriterien präzisiert. Diese Liste ist nicht abschliessend. Eine klinische Beurteilung der Gefährdung im Einzelfall bleibt vorbehalten.

4 Das BAG führt Anhang 6 laufend nach.

Art. 10c Pflichten des Arbeitgebers betreffend Schutz der Gesundheit von besonders gefährdeten Arbeitnehmerinnen und Arbeitnehmern

1 Der Arbeitgeber ermöglicht seinen besonders gefährdeten Arbeitnehmerinnen und Arbeitnehmern, ihre Arbeitsverpflichtungen von zu Hause aus zu erfüllen. Er trifft zu diesem Zweck die geeigneten organisatorischen und technischen Massnahmen.

2 Ist es nicht möglich, die angestammte Arbeitsverpflichtung von zu Hause aus zu erfüllen, so weist der Arbeitgeber der betroffenen Arbeitnehmerin oder dem betroffenen Arbeitnehmer in Abweichung vom Arbeitsvertrag bei gleicher Entlöhnung eine gleichwertige Ersatzarbeit zu, die von zu Hause aus erledigt werden kann. Er trifft zu diesem Zweck die geeigneten organisatorischen und technischen Massnahmen.

3 Ist aus betrieblichen Gründen die Präsenz besonders gefährdeter Arbeitnehmerinnen und Arbeitnehmer vor Ort ganz oder teilweise unabdingbar, so dürfen diese in ihrer angestammten Tätigkeit vor Ort beschäftigt werden, wenn die folgenden Voraussetzungen erfüllt sind:

a. Der Arbeitsplatz ist so ausgestaltet, dass jeder enge Kontakt mit anderen Personen ausgeschlossen ist, namentlich indem ein Einzelraum oder ein klar abgegrenzter Arbeitsbereich unter Berücksichtigung des Mindestabstandes von 2 Metern zur Verfügung gestellt wird.

b. In Fällen, in denen ein enger Kontakt nicht jederzeit vermieden werden kann, werden angemessene Schutzmassnahmen nach dem STOP-Prinzip ergriffen (Substitution, technische Massnahmen, organisatorische Massnahmen, persönliche Schutzausrüstung).

4 Ist es nicht möglich, die betroffenen Arbeitnehmerinnen und Arbeitnehmer nach den Absätzen 1–3 zu beschäftigen, so weist ihnen der Arbeitgeber in Abweichung vom Arbeitsvertrag bei gleicher Entlöhnung eine gleichwertige Ersatzarbeit vor Ort zu, bei der die Vorgaben nach Absatz 3 Buchstaben a und b erfüllt sind.

5 Bevor der Arbeitgeber die vorgesehenen Massnahmen trifft, hört er die betroffenen Arbeitnehmerinnen und Arbeitnehmer an.

6 Die betroffene Arbeitnehmerin oder der betroffene Arbeitnehmer kann die Übernahme einer ihr oder ihm zugewiesenen Arbeit ablehnen, wenn der Arbeitgeber die Voraussetzungen nach den Absätzen 1–4 nicht erfüllt oder wenn die Arbeitnehmerin oder der Arbeitnehmer die Gefahr einer Ansteckung mit dem Coronavirus trotz der vom Arbeitgeber getroffenen Massnahmen nach den Absätzen 3 und 4 aus besonderen Gründen als zu hoch für sich erachtet. Der Arbeitgeber kann ein ärztliches Attest verlangen.

7 Ist es nicht möglich, die betroffenen Arbeitnehmerinnen und Arbeitnehmer nach den Absätzen 1–4 zu beschäftigen, oder lehnen diese die zugewiesene Arbeit im Sinne von Absatz 6 ab, so stellt der Arbeitgeber sie unter Lohnfortzahlung frei.

8 Arbeitnehmerinnen und Arbeitnehmer machen ihre besondere Gefährdung durch eine persönliche Erklärung geltend. Der Arbeitgeber kann ein ärztliches Attest verlangen.

Art. 10d und 10e

1 Aufgehoben durch Ziff. I der V vom 1. April 2020, mit Wirkung seit 2. April 2020 (AS 2020 1131).

6. Kapitel: Strafbestimmungen

Art. 10f

1 Sofern keine schwerere strafbare Handlung nach dem Strafgesetzbuch1 vorliegt, wird mit Freiheitsstrafe bis zu drei Jahren oder Geldstrafe bestraft, wer sich vorsätzlich Massnahmen nach Artikel 6 widersetzt.

2 Mit Busse wird bestraft, wer:

a. gegen das Verbot von Menschenansammlungen im öffentlichen Raum nach Artikel 7c verstösst;

b. Schutzausrüstung oder wichtige medizinische Güter ausführt, ohne dass die nach Artikel 4b Absatz 1 erforderliche Bewilligung vorliegt;

c. gegen Einschränkungen des grenzüberschreitenden Personen- und Warenverkehrs an den Grenzübergängen nach Artikel 4 Absatz 4 verstösst;

d. gegen das Verbot von Einkaufstourismus nach Artikel 3a verstösst.

3 Folgende Verstösse können im Verfahren nach dem Ordnungsbussengesetz vom 18. März 20166 mit einer Ordnungsbusse von 100 Franken geahndet werden:

a. Verstösse gegen das Verbot von Menschenansammlungen im öffentlichen Raum nach Artikel 7c;

b. Verstösse gegen Einschränkungen des grenzüberschreitenden Personen- und Warenverkehrs an den Grenzübergängen nach Artikel 4 Absatz 4.

4 Verstösse gegen das Verbot von Einkaufstourismus nach Artikel 3a können im Verfahren nach dem Ordnungsbussengesetz mit einer Ordnungsbusse von 100 Franken geahndet werden.

5 Die EZV ist im Umfang ihrer Kontrollkompetenzen ermächtigt, bei Verstössen gegen die Artikel 3a und 4 Absatz 4 Ordnungsbussen zu erheben. Wird die Ordnungsbusse nicht sofort bezahlt, so überweist sie die Sache an die zuständige Strafverfolgungsbehörde.

7. Kapitel: Schlussbestimmungen

Art. 11 Aufhebung eines anderen Erlasses

Die Verordnung vom 28. Februar 2020[1] über Massnahmen zur Bekämpfung des Coronavirus (COVID-19) wird aufgehoben.

Art. 12 Inkrafttreten und Geltungsdauer

1 Diese Verordnung tritt unter Vorbehalt von Absatz 2 am 13. März 2020 um 15.30 Uhr in Kraft.

2 Artikel 5 tritt am 16. März 2020 um 06.00 Uhr in Kraft.

3 Diese Verordnung gilt unter dem Vorbehalt der nachfolgenden Absätze höchstens für die Dauer von 6 Monaten ab Inkrafttreten nach Absatz 1.

4 Artikel 4a gilt bis zum 15. Juni 2020.

5 ...

6 ...

7 ...

8 Die Massnahmen nach dem 3. Kapitel (Art. 5–8) sowie Artikel 10f Absätze 1, 2 Buchstabe a und 3 Buchstabe a gelten bis zum 10. Mai 2020.

I. Verordnung über die Beschränkung der Abgabe von Arzneimitteln

ArznV

vom 20. März 2020

Aufgrund von Art. 31 Abs. 1 und 2 Bst. a des Bundesgesetzes über die wirtschaftliche Landesversorgung (Landesversorgungsgesetz, LVG) vom 17. Juni 2016, SR 531[19], verordnet die Regierung:

Art. 1

Gegenstand und Geltungsbereich

Diese Verordnung regelt im Zusammenhang mit der COVID-19-Epidemie die Massnahmen zur Sicherstellung der Versorgung der Bevölkerung mit:

a) ärztlich verordneten Arzneimitteln der Abgabekategorien A und B nach den Art. 41 und 42 der schweizerischen Arzneimittelverordnung vom 21. September 2018, SR 812.212.21[20];

b) den folgenden Arzneimitteln der Abgabekategorie D nach Art. 43 der schweizerischen Arzneimittelverordnung ohne ärztliche Verordnung:

ATC-Code[21]	Warenbezeichnung
N02BA01	Acetylsalicylsäure
N02BA15	Calcium carbasalat
N02BA51	ASS Kombinationen
N02BA65	Calcium carbasalat Kombinationen
N02BB02	Metamizol
N02BE01	Paracetamol
N02BE51	Paracetamol Kombinationen

[19] https://www.admin.ch/opc/de/classified-compilation/20141710/index.html
[20] https://www.admin.ch/opc/de/classified-compilation/20173471/index.html
[21] Der ATC-Code (Anatomical Therapeutic Chemical Classification System) kann auf Englisch (offizielle Fassung) auf der Website des WHO Collaborating Centre for Drug Statistics Methodology unter folgender Adresse abgerufen werden: www.whocc.no > ATC/DDD Index.

M01AE01	Ibuprofen
M01AB05	Diclofenac
M01AG01	Mefenaminsäure
R05DA04	Codein
R05DA07	Noscapin
R05DA09	Dextromethorphan
R05DA20	Opium-Alkaloide Kombinationen
R05FA02	Opium-Derivate und Expektoranzien

Art. 2

Höchstmenge

1) Ärzte, Apotheken und andere Betriebe, die zur Abgabe von Arzneimitteln nach Art. 1 berechtigt sind, dürfen den Kunden pro Einkauf nur eine Packung abgeben.

2) Sie dürfen chronisch kranken Personen Arzneimittel nach Art. 1 pro Einkauf nur im Umfang der ärztlich verordneten Menge oder für eine Bedarfsdeckung von höchstens zwei Monaten abgeben.

Art. 3

Inkrafttreten und Geltungsdauer

1) Diese Verordnung tritt am Tag nach der Kundmachung in Kraft.

2) Sie gilt ab Inkrafttreten sechs Monate.

II. Verordnung (Strassenverkehr)

über befristete Massnahmen im Strassenverkehr in Zusammenhang mit dem Coronavirus (COVID-19)

StrassV

vom 25. März 2020

Aufgrund von Art. 99 Abs. 1 des Strassenverkehrsgesetzes (SVG) vom 30. Juni 1978, LGBl. 1978 Nr. 18, verordnet die Regierung:

Art. 1

Gegenstand und Bezeichnungen

1) Diese Verordnung legt befristete Massnahmen im Strassenverkehr in Zusammenhang mit dem Coronavirus (←COVID-19) fest.

2) Unter den in dieser Verordnung verwendeten Personenbezeichnungen sind Angehörige des weiblichen und männlichen Geschlechts zu verstehen.

Art. 2

Führerausweise und andere Fahrberechtigungen

Die Gültigkeit von Führerausweisen und anderen Fahrberechtigungen, die am 9. März 2020 oder später abgelaufen sind, wird bis zum 30. September 2020 jeweils um sechs Monate verlängert. Die Ausgabe der neuen Führerausweise erfolgt von Amts wegen und ist kostenlos.

Art. 3

Vertrauensärztliche Kontrolluntersuchung

1) Die periodischen vertrauensärztlichen Kontrolluntersuchungen nach Art. 27 VZV sind sistiert.

2) Bereits erfolgte Aufgebote müssen von den Führerausweisinhabern nicht beachtet werden.

Art. 4

Zulassung von Fahrzeugführern zum Güter- und Personentransport

Inhaber von Fähigkeitsausweisen nach Art. 8 CZV und von Ausbildungsbestätigungen nach Art. 6 CZV, die am 9. März 2020 oder später abgelaufen sind (Art. 6 sowie Art. 11 Abs. 1 und 2 CZV), dürfen im Inland weiterhin Güter oder Personen transportieren.

Art. 5

Lernfahrausweise

Das Amt für Strassenverkehr kann die Gültigkeitsdauer aller Lernfahrausweise angemessen verlängern.

Art. 6

Beförderung gefährlicher Güter auf der Strasse

1) Inhaber einer Schulungsbescheinigung nach Ziff. 8.2.2.8.5 der Anlage B des Europäischen Übereinkommens über die internationale Beförderung gefährlicher Güter auf der Strasse (ADR), die am 9. März 2020 oder später abgelaufen ist, dürfen im Inland weiterhin Gefahrgut befördern und - sobald dies wieder erlaubt ist - die Auffrischungsschulung absolvieren sowie die Prüfung der Auffrischungsschulung ablegen. Die Geltungsdauer der neuen ADR-Schulungsbescheinigung beginnt mit dem Datum des Ablaufs der vorherigen Bescheinigung.

2) Inhaber eines Schulungsnachweises für Gefahrgutbeauftragte nach Ziff. 1.8.3.18 der Anlage A des ADR, der am 9. März 2020 oder später abgelaufen ist, dürfen weiterhin als Gefahrgutbeauftragte tätig sein und die Prüfung zur Verlängerung des Schulungsnachweises auch ohne Ausbildungsbescheinigung ablegen. Die Geltungsdauer des neuen Schulungsnachweises beginnt mit dem Datum des Ablaufs der vorherigen Bescheinigung.

Art. 7

Fahrlehrerbewilligung

Die Fahrlehrerbewilligung (Art. 6 FV) wird vom Amt für Strassenverkehr nicht entzogen und deren Inhaber vom Amt für Strassenverkehr nicht verwarnt (Art. 25 Abs. 1 FV), wenn die fünfjährige Weiterbildungsperiode am 9. März 2020 oder später abgelaufen ist und der Inhaber der Bewilligung die Weiterbildungspflicht (Art. 21 FV) nicht erfüllt hat.

Art. 8

Fahrten zur wirtschaftlichen Landesversorgung

1) Für Fahrten zur wirtschaftlichen Landesversorgung gelten die vom Bundesamt für Strassen (ASTRA) angeordneten Erleichterungen in Bezug auf:

a) das zulässige Gesamtgewicht schwerer Motorwagen; und

b) Aufgehoben[22]

2) Fahrten zum Transport versorgungsrelevanter Güter (einschliesslich Güter des täglichen Bedarfs) sind vom Sonntags- und Nachtfahrverbot nach Art. 89 Abs. 1 bis 3 VRV ausgenommen.

Art. 9

Inkrafttreten und Geltungsdauer

1) Diese Verordnung tritt vorbehaltlich Abs. 2 rückwirkend auf den 9. März 2020 in Kraft und gilt bis zum 30. September 2020.

2) Art. 8 Abs. 1 Bst. b tritt am Tag der Kundmachung in Kraft und gilt bis zum 26. April 2020.

[22] Ursprünglich: die Lenk- und Ruhezeiten von Berufschauffeuren.

111

III. Verordnung (Dienstrecht Staatspersonal)

über befristete Massnahmen im Bereich des Dienstrechts des Staatspersonals in Zusammenhang mit dem Coronavirus (COVID-19)

vom 26. März 2020

Aufgrund von Art. 60 des Gesetzes vom 24. April 2008 über das Dienstverhältnis des Staatspersonals (Staatspersonalgesetz; StPG), LGBl. 2008 Nr. 144, verordnet die Regierung:

Art. 1

Gegenstand und Bezeichnungen

1) Diese Verordnung legt befristete Massnahmen im Bereich des Dienstrechts des Staatspersonals in Zusammenhang mit dem Coronavirus (←COVID-19) fest.

2) Unter den in dieser Verordnung verwendeten Personenbezeichnungen sind Angehörige des weiblichen und männlichen Geschlechts zu verstehen.

Art. 2

Normalarbeitszeit

Als Normalarbeitszeit gilt abweichend von Art. 38 Abs. 1 StPV die Zeit von 5.00 Uhr bis 22.00 Uhr. Samstage, Sonn- und Feiertage sowie dienstfreie Tage sind ausgenommen.

Art. 3

Negative Zeitguthaben

1) Liegt das Arbeitszeitkonto eines Angestellten unter der Grenze von -15 Stunden nach Art. 46 Abs. 3 StPV, so hat der Ausgleich der Zeitschulden am Ende des Kalenderjahres vorbehaltlich Abs. 2 zu erfolgen durch:

a) eine entsprechende Lohnkürzung; oder

b) eine Verrechnung mit Frienguthaben.

2) Der Vorgesetzte kann anstelle der Ausgleichsmassnahmen nach Abs. 1 auch die Frist für den Abbau der Zeitschulden verlängern; die Verlängerung darf höchstens ein Kalenderjahr betragen.

3) Das negative Zeitguthaben des Arbeitszeitkontos darf die Grenze von -100 Stunden nicht überschreiten.

Art. 4

Inkrafttreten und Geltungsdauer

Diese Verordnung tritt am Tag der Kundmachung in Kraft und gilt bis zum 31. Dezember 2020.

StPV

IV. Verordnung (Ausübung politischer Volksrechte)

über befristete Massnahmen im Bereich der Ausübung der politischen Volksrechte in Landesangelegenheiten in Zusammenhang mit dem Coronavirus (COVID-19)

vom 3. April 2020

Aufgrund von Art. 91 Abs. 1 des Gesetzes vom 17. Juli 1973 über die Ausübung der politischen Volksrechte in Landesangelegenheiten (Volksrechtegesetz, VRG), LGBl. 1973 Nr. 50, verordnet die Regierung:

VolksR

Art. 1

Verschiebung bereits angeordneter Abstimmungen

Bereits im Sinne des Art. 25 des Gesetzes angeordnete Abstimmungen, die in die Geltungsdauer dieser Verordnung fallen, werden verschoben. Die Regierung bestimmt unter Berücksichtigung der Entwicklungen der COVID-19-Epidemie einen neuen Tag für die Vornahme der Abstimmungen und setzt die Abstimmungszeit fest.

Art. 2

Inkrafttreten und Geltungsdauer

Diese Verordnung tritt am Tag der Kundmachung in Kraft und gilt bis zum 30. Juni 2020.

V. Verordnung (Anpassungen Sportbereich)

über befristete Anpassungen im Sportbereich für das Programm "Jugend und Sport" infolge des Coronavirus (COVID-19)

vom 7. April 2020

Aufgrund des Abkommens vom 8. April 1981 zwischen dem Fürstentum Liechtenstein und der Schweizerischen Eidgenossenschaft über die Zusammenarbeit auf dem Gebiet von "Jugend und Sport" (Abkommen), LGBl. 1982 Nr. 31, verordnet die Regierung:

Art. 1

Verlängerung von Anerkennungen

Die Anerkennung von Personen, die sich zur Erfüllung ihrer Weiterbildungspflicht als J+S-Kader fristgerecht zu einem Weiterbildungsmodul angemeldet haben, das als Folge der behördlich angeordneten Massnahmen zur Bekämpfung des Coronavirus nicht durchgeführt werden kann, wird bis Ende 2021 verlängert.

Art. 2

Mindestanzahl von Aktivitäten in J+S-Kursen und J+S-Lagern

Kann in J+S-Kursen und J+S-Lagern als Folge der behördlich angeordneten Massnahmen zur Bekämpfung des Coronavirus die erforderliche Mindestanzahl von Aktivitäten nicht eingehalten werden, so gewährt die nach dem Abkommen zuständige Behörde Finanzhilfen, und zwar für die tatsächlich durchgeführten Aktivitäten.

Art. 3

Inkrafttreten und Geltungsdauer

Diese Verordnung tritt am Tag der Kundmachung in Kraft und gilt für die Dauer von sechs Monaten ab Inkrafttreten.

SportV

VI. Gesetz über Begleitmassnahmen in der Verwaltung und Justiz

in Zusammenhang mit dem Coronavirus (COVID-19-VJBG)

vom 8. April 2020

I. Allgemeine Bestimmungen

Art. 1

Gegenstand und Bezeichnungen

1) Dieses Gesetz legt Massnahmen zur Bekämpfung des Coronavirus (COVID-19) und zur Abmilderung seiner Folgen fest und regelt insbesondere:

a) die Erstreckung von Fristen in gerichtlichen und verwaltungsbehördlichen Verfahren;

b) die Hemmung von Fristen in bürgerlichen Rechtssachen und in Verwaltungssachen;

c) den Betrieb von Gerichten und Verwaltungsbehörden;

d) Massnahmen in besonderen Verfahren;

e) die Zustellung von Dokumenten;

f) Massnahmen im Gesellschaftsrecht.

2) Die Vorschriften dieses Gesetzes gehen anderen mit ihnen im Widerspruch stehenden gesetzlichen Bestimmungen vor.

3) Unter den in diesem Gesetz verwendeten Personen- und Funktionsbezeichnungen sind Angehörige des weiblichen und männlichen Geschlechts zu verstehen.

II. Erstreckung und Hemmung von Fristen

Art. 2

Erstreckung von Fristen

1) In allen gerichtlichen und verwaltungsbehördlichen Verfahren können sämtliche verfahrensrechtlichen Fristen, deren fristauslösendes Ereignis in die Zeit nach Inkrafttreten dieses Gesetzes fällt, oder die bis zum Inkrafttreten dieses

Gesetzes noch nicht abgelaufen sind, während der Geltungsdauer dieses Gesetzes auf Antrag erstreckt werden.

2) Der Antrag auf Erstreckung verfahrensrechtlicher Fristen ist schriftlich beim Gericht oder bei der Verwaltungsbehörde einzubringen, das bzw. die das Verfahren führt. Der Antrag auf Erstreckung von Rechtsmittelfristen ist beim Gericht oder bei der Verwaltungsbehörde einzubringen, dessen bzw. deren Entscheidung bekämpft wird. Der Antrag ist per Post, E-Mail oder Fax zu stellen.

Art. 3

Entscheid über den Antrag auf Fristerstreckung

1) Dem Antrag auf Fristerstreckung nach Art. 2 Abs. 2 ist stattzugeben, wenn:

a) dieser nicht rechtsmissbräuchlich ist;

b) diesem keine gewichtigen öffentlichen Interessen entgegenstehen; oder

c) diesem keine gewichtigen Interessen weiterer Verfahrensbeteiligter entgegenstehen.

2) Entscheide nach Abs. 1 sind bei kollegial besetzten Gerichten und Verwaltungsbehörden vom jeweiligen Präsidenten oder Vorsitzenden zu fällen.

3) Wird dem Antrag stattgegeben, ist eine neue angemessene Frist unter Angabe des Ablaufdatums festzusetzen. Dieser Entscheid kann nicht angefochten werden. Die Zustellung des Entscheids erfolgt per Post, E-Mail oder Fax.

Art. 4

Hemmung von Fristen in bürgerlichen Rechtssachen und in Verwaltungssachen

Die Zeit der Geltungsdauer dieses Gesetzes wird nicht eingerechnet in die Zeit, in der:

a) bei einem Gericht eine Klage oder ein Antrag zu erheben oder eine Erklärung abzugeben ist;

b) bei einer Verwaltungsbehörde ein verfahrenseinleitender Antrag zu stellen ist.

VJBG

III. Betrieb von Gerichten und Verwaltungsbehörden

Art. 5

Anhörungen, Verhandlungen und sonstige Amtshandlungen vor Gerichten und Verwaltungsbehörden

1) Während der Geltungsdauer dieses Gesetzes sind Anhörungen und mündliche Verhandlungen vor einem Gericht oder einer Verwaltungsbehörde nur abzuhalten, wenn:

a) nach sorgfältiger Abwägung aller Umstände die Fortsetzung des Verfahrens geboten ist; und

b) das Interesse der Allgemeinheit an der Verhütung und Bekämpfung der Verbreitung des Coronavirus (COVID-19) die Einzelinteressen nicht überwiegt.

2) Die Voraussetzungen nach Abs. 1 gelten auch für die Erteilung und Durchführung von Vollzugsaufträgen sowie für die Protokollierung mündlichen Anbringens, persönliche Termine und Einvernahmen, Akteneinsichten und sonstige Handlungen mit persönlichem Kontakt.

3) Ist die Vornahme einer Anhörung einer Partei oder die Durchführung einer mündlichen Verhandlung unbedingt erforderlich, so kann sie auch ohne persönliche Anwesenheit aller Beteiligten unter Verwendung geeigneter technischer Kommunikationsmittel vorgenommen bzw. durchgeführt werden.

Art. 6

Beratungen und Abstimmungen

1) Bei kollegial besetzten Gerichten oder Verwaltungsbehörden kann der jeweilige Präsident oder Vorsitzende die Beratung und Beschlussfassung über eine Rechtssache durch Einholung einer Erklärung der Mitglieder unter Verwendung geeigneter technischer Kommunikationsmittel oder im Umlaufweg ersetzen. Der Präsident oder Vorsitzende hat dies spätestens eine Woche vor ihrem Beginn unter Angabe der zu beratenden Rechtssache allen Mitgliedern schriftlich mitzuteilen.

2) Die Abgabe einer Erklärung nach Abs. 1 kann mündlich oder schriftlich oder per E-Mail an eine vom Präsidenten oder Vorsitzenden bestimmte E-Mail-Adresse bis zu einem von diesem bestimmten Zeitpunkt erfolgen; die Erklärung ist gültig, wenn sie bis zu diesem Zeitpunkt eingegangen ist.

3) Der Entscheidungsentwurf soll nach Möglichkeit eine Woche vor dem vom Präsidenten oder Vorsitzenden nach Abs. 2 bestimmten Zeitpunkt an alle Mitglieder des Gerichts oder der Verwaltungsbehörde übermittelt werden. Diese können schriftliche Berichte und Anträge verfassen und verteilen lassen.

IV. Massnahmen in besonderen Verfahren

Art. 7

Strafverfahren

1) Der Besuchsverkehr (§ 137 Abs. 1 StPO) im Landesgefängnis wird während der Geltungsdauer dieses Gesetzes auf telefonische Kontakte beschränkt. Es können auch weitere Beschränkungen des Verkehrs mit der Aussenwelt vorgesehen werden.

2) Der Fortlauf der nach § 22d Abs. 1 der Strafprozessordnung bestimmten Frist zur Erbringung gemeinnütziger Leistungen wird während der Geltungsdauer dieses Gesetzes gehemmt.

Art. 8

Gerichtliche Massnahmen nach dem Sozialhilfegesetz

Für das persönliche Anhörungsrecht nach Art. 13 Abs. 2 des Sozialhilfegesetzes gilt Art. 5 dieses Gesetzes sinngemäss.

Art. 9

Unterhaltsvorschüsse

Während der Geltungsdauer dieses Gesetzes sind Titelvorschüsse nach Art. 3 des Unterhaltsvorschussgesetzes auch dann zu gewähren, wenn der Unterhaltsberechtigte keinen entsprechenden Exekutionsantrag bei Gericht einbringt.

V. Zustellung von Dokumenten

Art. 10

Erleichterungen

Während der Geltungsdauer dieses Gesetzes gelten für die Zustellung mit Zustellnachweis der von Gerichten oder Verwaltungsbehörden zu übermittelnden Dokumente sowie die durch die Gerichte oder Verwaltungsbehörden vorzunehmende Zustellung von Dokumenten ausländischer Behörden folgende Erleichterungen:

a) Das Dokument wird dem Empfänger zugestellt, indem es in die für die Abgabestelle bestimmte Abgabeeinrichtung (Art. 19 Abs. 2 ZustG) eingelegt oder an der Abgabestelle zurückgelassen wird; die Zustellung gilt in diesem Zeitpunkt als bewirkt. Soweit dies ohne Gefährdung der Gesundheit des Zustellers möglich ist, ist der Empfänger durch schriftliche, mündliche oder telefonische Mitteilung an ihn selbst oder an Personen, von denen angenommen werden kann, dass sie mit dem Empfänger in Verbindung treten können, von der Zustellung zu verständigen. Die Zustellung wird nicht bewirkt, wenn sich ergibt, dass der Empfänger wegen Abwesenheit von der Abgabestelle nicht rechtzeitig vom Zustellvorgang Kenntnis erlangen konnte, doch wird die Zustellung mit dem der Rückkehr an die Abgabestelle folgenden Tag wirksam.

b) Ist das Dokument anderen Personen als dem Empfänger zuzustellen oder kann es diesen zugestellt werden (Art. 16 Abs. 1 zweiter Satz und Abs. 2 bis 4 sowie Art. 17 und 18 ZustG), ist Bst. a sinngemäss anzuwenden.

c) Die Zustellung, die Form der Verständigung von der Zustellung sowie gegebenenfalls die Gründe, aus denen eine Verständigung nicht möglich war, sind vom Zusteller auf dem Zustellnachweis zu beurkunden. Der Zustellnachweis ist dem Absender unverzüglich zu übersenden; Art. 24 Abs. 2 des Zustellgesetzes ist nicht anzuwenden. Art. 24 Abs. 4 des Zustellgesetzes ist mit der Massgabe anzuwenden, dass die elektronische Beurkundung anstatt durch den Übernehmer durch den Zusteller zu erfolgen hat.

VI. Massnahmen im Gesellschaftsrecht

Art. 11

Versammlungen von Verbandspersonen und Treuunternehmen sowie von Gesellschaftern von Personengesellschaften

1) Versammlungen des obersten Organs von Verbandspersonen und Treuunternehmen können ohne physische Anwesenheit der Teilnehmer durchgeführt

und die Beschlüsse unabhängig von der Anzahl von Mitgliedern im Zirkulationsweg gefasst werden, wenn:

a) den Mitgliedern die ausdrücklich formulierten Beschlüsse schriftlich übermittelt werden; und

b) die für einen Beschluss erforderliche Mindestzahl von Stimmberechtigten an der Abstimmung teilnimmt.

2) Versammlungen des obersten Organs von Verbandspersonen und Treuunternehmen können auch ohne physische Anwesenheit der Teilnehmer durchgeführt und die Beschlüsse unabhängig von der Anzahl von Mitgliedern per Video- oder Telefonkonferenz gefasst werden, wenn die genauen Modalitäten für die Teilnahme und Stimmabgabe in der Einberufung bekannt gegeben werden. Die Bestimmungen des Personen- und Gesellschaftsrechts gelten sinngemäss.

VJBG

3) Für Versammlungen anderer Organe von Verbandspersonen und Treuunternehmen, die nicht unter Abs. 1 und 2 fallen, sowie von Gesellschaftern von Personengesellschaften gelten Abs. 1 und 2 sinngemäss.

4) Erweist sich die in den Abs. 1 bis 3 beschriebene Vorgehensweise insbesondere aufgrund des betroffenen Teilnehmerkreises (Aktionäre bei Publikumsgesellschaften) als unpraktikabel, kann der Veranstalter ungeachtet der voraussichtlichen Anzahl von Teilnehmern und ohne Einhaltung der Einberufungsfrist anordnen, dass die Teilnehmer an der Versammlung nicht physisch teilnehmen dürfen und ihre Rechte ausschliesslich ausüben können:

a) auf schriftlichem Weg oder in elektronischer Form; oder

b) durch einen vom Veranstalter bezeichneten unabhängigen Stimmrechtvertreter.

5) Die in Abs. 1 bis 4 eingeräumte Möglichkeit zur Durchführung der Versammlung oder Beschlussfassung kann auch dann in Anspruch genommen werden, wenn zum Zeitpunkt des Inkrafttretens dieses Gesetzes die Einberufung zur Versammlung bereits erfolgt ist, vorausgesetzt, dass den Teilnehmern spätestens bis vier Tage vor dem Tag der Versammlung mittels Nachtrags zur Einberufung mitgeteilt wird, dass die Versammlung oder die Beschlussfassung in der in Abs. 1 bis 4 beschriebenen Weise stattfinden wird.

6) Versammlungen können selbst dann in der in Abs. 1 bis 4 beschriebenen Weise stattfinden, wenn dies den Teilnehmern in der Einberufung mitgeteilt wurde, die Versammlung jedoch erst auf einen Zeitpunkt nach Ausserkrafttreten dieses Gesetzes anberaumt wurde.

VII. Schlussbestimmung

Art. 12

Inkrafttreten und Geltungsdauer

Dieses Gesetz tritt am Tag nach der Kundmachung in Kraft und gilt bis zum 15. Juni 2020.

Der Landtag hat dieses Gesetz als dringlich erklärt.

VII. Verordnung (Standortförderung)

über befristete Massnahmen im Bereich der Standortförderung in Zusammenhang mit dem Coronavirus (COVID-19-SFV)

vom 9. April 2020

Aufgrund von Art. 15 Abs. 3 und Art. 22 Abs. 1 des Gesetzes vom 20. Oktober 2011 über die Förderung der wirtschaftlichen und touristischen Entwicklung des Standortes Liechtenstein (Standortförderungsgesetz; SFG), LGBl. 2011 Nr. 544, verordnet die Regierung:

Art. 1

Gegenstand

Diese Verordnung legt befristete Massnahmen im Bereich der Standortförderung in Zusammenhang mit dem Coronavirus (←COVID→-19) fest und regelt Ausnahmen von der Pflicht zur Entrichtung einer Kurtaxe nach Art. 15 des Gesetzes.

SFV

Art. 2

Befreiung von der Kurtaxe

Neben den beherbergten Personen nach Art. 8 BMTV sind von der Pflicht zur Entrichtung einer Kurtaxe ausgenommen:

a) besonders gefährdete Personen im Sinne von Art. 7b der Verordnung über Massnahmen zur Bekämpfung des Coronavirus (←COVID-19);

b) Personen, die durch eine behördliche Massnahme an der Ausreise gehindert werden;

c) Personen, deren Verbleib in Liechtenstein im öffentlichen Interesse liegt, insbesondere Berufstätige in Gesundheitseinrichtungen und in der Grundversorgung.

Art. 3

Inkrafttreten und Geltungsdauer

Diese Verordnung tritt rückwirkend auf den 23. März 2020 in Kraft und gilt bis zum 30. September 2020.

VIII. Arbeitslosenversicherungsgesetz (ALVG inkl. ALVV)

vom 24. November 2010

Art. 94a

Verordnungsermächtigung in Zusammenhang mit COVID-19

Soweit dies zur Bekämpfung des Coronavirus (COVID-19) und zur Abmilderung seiner Folgen erforderlich ist, kann die Regierung mit Verordnung besondere Vorschriften erlassen in Bezug auf:

a) Art. 12 (Anrechenbarer Arbeitsausfall);

b) Art. 20 (Pflichten des Versicherten und Kontrollvorschriften);

c) Art. 24 (Geltendmachung des Anspruchs);

d) Art. 36 (Zweifel über Ansprüche aus Arbeitsvertrag);

e) Art. 38 (Einstellung in der Anspruchsberechtigung);

f) Art. 39 (Anspruchsvoraussetzungen);

g) Art. 40 (Anrechenbarer Arbeitsausfall);

h) Art. 41 (Nicht anrechenbarer Arbeitsausfall);

i) Art. 43 (Höchstdauer der Kurzarbeitsentschädigung);

k) Art. 44 (Anmeldung von Kurzarbeit und Überprüfung der Voraussetzungen);

l) Art. 46 (Geltendmachung des Anspruchs);

m) Art. 47 (Vergütung der Kurzarbeitsentschädigung).

Verordnung

vom 9. April 2020

über befristete Massnahmen im Bereich der Arbeitslosenversicherung in Zusammenhang mit dem Coronavirus (COVID-19)

(COVID-19-ALVV)

Aufgrund von Art. 94a des Gesetzes vom 24. November 2010 über die Arbeitslosenversicherung und die Insolvenzentschädigung (Arbeitslosenversicherungsgesetz; ALVG), LGBl. 2010 Nr. 452, in der Fassung des Gesetzes vom 8. April 2020, LGBl. 2020 Nr. 135, verordnet die Regierung:

I. Allgemeine Bestimmungen

Art. 1

Gegenstand

1) Diese Verordnung legt befristete Massnahmen im Bereich der Arbeitslosenversicherung in Zusammenhang mit dem Coronavirus (COVID-19) fest.

2) Sie regelt zur Abmilderung der wirtschaftlichen Folgen des Coronavirus (COVID-19) Erleichterungen bei der Ausrichtung:

a) der Arbeitslosenentschädigung;

b) der Kurzarbeitsentschädigung.

Art. 2

Bezeichnungen

Unter den in dieser Verordnung verwendeten Personenbezeichnungen sind Angehörige des weiblichen und männlichen Geschlechts zu verstehen.

ALVV

II. Arbeitslosenentschädigung

Art. 3

Anrechenbarer Arbeitsausfall (Art. 12 Abs. 1 ALVG)

Wird ein Arbeitsverhältnis aufgrund der Coronavirus-Pandemie durch den Arbeitgeber vor Ablauf der gesetzlich oder vertraglich vereinbarten Kündigungsfrist aufgelöst, gilt der Arbeitsausfall nach Art. 12 Abs. 1 ALVG als anrechenbar.

Art. 4

Pflichten des Versicherten und Kontrollvorschriften; Geltendmachung des Anspruchs (Art. 20 und 24 Abs. 1 ALVG)

1) Die Pflicht zur persönlichen Meldung nach Art. 20 Abs. 2 ALVG und die Pflicht zur persönlichen Geltendmachung des Anspruchs nach Art. 24 Abs. 1 ALVG gelten als erfüllt, wenn die vorgeschriebenen Anmeldeformulare im Original per Post oder als PDF-Dokument per E-Mail beim Amt für Volkswirtschaft eingereicht werden.

2) Das Amt für Volkswirtschaft kann auf die Durchführung von Aufsichts- und Vollzugsmassnahmen zur Überprüfung der Einhaltung von Kontrollvorschriften durch den Versicherten verzichten oder solche Durchführungsmassnahmen angemessen anpassen.

Art. 5

Zweifel über Ansprüche aus Arbeitsvertrag (Art. 36 Abs. 2 ALVG)

Das Amt für Volkswirtschaft kann in Fällen nach Art. 3 auf die Geltendmachung der auf die Versicherung übergegangenen Ansprüche des Arbeitslosen nach Art. 36 Abs. 2 ALVG ohne Angabe von Gründen verzichten.

Art. 6

Einstellung in der Anspruchsberechtigung (Art. 38 ALVG)

Das Amt für Volkswirtschaft kann von der Einstellung in der Anspruchsberechtigung nach Art. 38 ALVG absehen, wenn dessen Vollzug das Amt für Volkswirtschaft an der Durchführung der erforderlichen Massnahmen zur Abmilderung der wirtschaftlichen Folgen des Coronavirus (COVID-19) hindert.

III. Kurzarbeitsentschädigung

Art. 7

Arbeitszeitkontrolle (Art. 39 Abs. 3 Bst. a ALVG)

Der Nachweis einer ausreichenden Arbeitszeitkontrolle nach Art. 39 Abs. 3 Bst. a ALVG gilt als erbracht, wenn die Arbeitszeit mit Beginn der Kurzarbeit erfasst und nachvollziehbar dokumentiert wird.

Art. 8

Anrechenbarer Arbeitsausfall (Art. 39 Abs. 1 Bst. b und Art. 40 Abs. 1 ALVG)

1) Arbeitsausfälle, die durch das Coronavirus verursacht wurden und auf einen Umstand nach Abs. 2 zurückzuführen sind, gelten als anrechenbar im Sinne von Art. 40 Abs. 1 Bst. a ALVG, wenn:

a) kein Ausschlussgrund nach Art. 9 vorliegt; und

b) die Voraussetzungen nach Art. 39 ff. ALVG erfüllt sind.

2) Als Umstand im Sinne von Abs. 1 gelten:

a) die rückläufige Nachfrage von Gütern und Dienstleistungen;

b) die Anordnung behördlicher Massnahmen; oder

c) andere vom Arbeitgeber nicht zu vertretende Umstände.

Art. 9

Nicht anrechenbarer Arbeitsausfall (Art. 41 ALVG)

1) Der Arbeitsausfall ist nicht nach Art. 8 anrechenbar, wenn:

a) die behördliche Massnahme durch Umstände veranlasst wurde, die der Arbeitgeber zu vertreten hat;

b) er durch eine private Versicherung gedeckt ist oder sich der Arbeitgeber nicht gegen einen solchen Arbeitsausfall versichert hat, obwohl dies möglich gewesen wäre; oder

c) der Arbeitgeber den Arbeitsausfall durch andere geeignete, wirtschaftlich tragbare Massnahmen vermeiden hätte können oder einen Dritten für den Schaden haftbar machen kann.

ALVV

129

2) Art. 41 Abs. 1 Bst. e ALVG findet nur dann Anwendung, wenn der jeweilige Arbeitsvertrag vor dem 30. Juni 2020 ordentlich endet.

Art. 10

Höchstdauer der Kurzarbeitsentschädigung (Art. 43 Abs. 3 und 4 ALVG)

Das Amt für Volkswirtschaft kann die Bewilligung von Kurzarbeitsentschädigung auch dann erteilen, wenn die Voraussetzungen nach Art. 43 Abs. 3 ALVG nicht erfüllt sind; die Dauer darf jedoch sechs Abrechnungsperioden nicht überschreiten.

Art. 11

Anmeldung (Art. 44 Abs. 1 bis 3 ALVG)

1) Die Anmeldefrist für Kurzarbeit, die aufgrund des Coronavirus eingeführt werden muss, beträgt einen Arbeitstag.

2) Eine Anmeldung von Kurzarbeit erfüllt auch dann die Voraussetzungen nach Art. 44 Abs. 2 ALVG, wenn das vom Amt für Volkswirtschaft vorgeschriebene Formular als PDF-Dokument per E-Mail eingereicht wird. Der Eingang der E-Mail beim Amt für Volkswirtschaft gilt als fristwahrend nach Abs. 1.

3) Das Amt für Volkswirtschaft kann von einer umfassenden Begründung der Auswirkungen nach Art. 44 Abs. 3 ALVG durch den Arbeitgeber absehen, wenn:

a) der Arbeitgeber glaubhaft darlegen kann, dass der Arbeitsausfall auf das Coronavirus zurückzuführen ist und nicht durch Umstände veranlasst wurde, die er selbst zu vertreten hat; und

b) die übrigen Anspruchsvoraussetzungen erfüllt sind.

Art. 12

Überprüfung (Art. 44 Abs. 4 und 5 ALVG)

1) Das Amt für Volkswirtschaft prüft die Anspruchsvoraussetzungen summarisch. Das Ergebnis der Prüfung wird dem Arbeitgeber mitgeteilt.

2) Dauert die Kurzarbeit länger als drei Abrechnungsperioden und sind die Anspruchsvoraussetzungen weiterhin erfüllt, kann das Amt für Volkswirt-

schaft die Bewilligung bis zur Höchstdauer nach Art. 10 von Amtes wegen verlängern, ohne dass es hierfür einer erneuten Anmeldung nach Art. 44 Abs. 5 ALVG bedarf.

Art. 13

Geltendmachung des Anspruchs (Art. 46 ALVG)

1) Das Amt für Volkswirtschaft prüft die Abrechnungsunterlagen nach Art. 46 ALVG summarisch.

2) Die Einreichung der Unterlagen nach Art. 46 Abs. 2 Bst. a und b ALVG kann durch eine entsprechende Bestätigung des Arbeitgebers ersetzt werden. Das Amt für Volkswirtschaft kann weitere Bestätigungen verlangen, die für die Beurteilung der Anspruchsberechtigung und die Berechnung der Entschädigung erforderlich sind.

3) Der Arbeitgeber ist verpflichtet, alle Formulare und Unterlagen, die für die Anmeldung und Abrechnung der Kurzarbeitsentschädigung relevant sind, fünf Jahre im Original aufzubewahren und dem Amt für Volkswirtschaft auf Verlangen vorzulegen. Die Frist beginnt am ersten Tag des Folgemonats nach Ablauf der letzten bewilligten Abrechnungsperiode.

4) Das Amt für Volkswirtschaft ist berechtigt, innerhalb der Aufbewahrungsfrist nach Abs. 3 im Betrieb des Arbeitgebers jederzeit eine Nachprüfung durchzuführen oder durchführen zu lassen.

ALVV

Art. 14

Vergütung der Kurzarbeitsentschädigung (Art. 47 Abs. 1 ALVG)

Sofern alle Anspruchsvoraussetzungen erfüllt sind, vergütet das Amt für Volkswirtschaft dem Arbeitgeber die rechtmässig ausgerichtete Kurzarbeitsentschädigung unter Abzug des Arbeitgeberanteils (Art. 42 Abs. 1 ALVG).

IV. Übergangs- und Schlussbestimmungen

Art. 15

Aufhebung bisherigen Rechts

Die Verordnung vom 17. März 2020 über die Ausrichtung von Kurzarbeitsentschädigung zum Ausgleich der wirtschaftlichen Folgen des Coronavirus (COVID-19), LGBl. 2020 Nr. 96, wird aufgehoben.

Art. 16

Übergangsbestimmung

Auf zum Zeitpunkt des Inkrafttretens dieser Verordnung hängige Verfahren findet das neue Recht Anwendung.

Art. 17

Inkrafttreten und Geltungsdauer

1) Diese Verordnung tritt am Tag der Kundmachung in Kraft und gilt vorbehaltlich Abs. 2 bis zum 30. September 2020.

2) Art. 8 und 9 gelten bis zum 30. Juni 2020.

Verordnung (LGBl. 2020 Nr. 96, aufgehoben mit 09.04.2020)

vom 17. März 2020

über die Ausrichtung von Kurzarbeitsentschädigung zum Ausgleich der wirtschaftlichen Folgen des Coronavirus (COVID-19)

Aufgrund von Art. 41 Abs. 3, Art. 44 Abs. 1 und Art. 94 des Gesetzes vom 24. November 2010 über die Arbeitslosenversicherung und die Insolvenzentschädigung (Arbeitslosenversicherungsgesetz; ALVG), LGBl. 2010 Nr. 452, verordnet die Regierung:

Art. 1

Zweck

Diese Verordnung legt besondere Vorschriften für die Ausrichtung von Kurzarbeitsentschädigung fest, um die wirtschaftlichen Folgen des Coronavirus (COVID-19) auszugleichen.

Art. 2

Anrechenbarer Arbeitsausfall

Arbeitsausfälle, die durch den Coronavirus verursacht wurden und auf einen Umstand nach Abs. 2 zurückzuführen sind, gelten als anrechenbar im Sinne von Art. 40 Abs. 1 Bst. a des Gesetzes, wenn:

a) kein Ausschlussgrund nach Art. 3 vorliegt; und

b) die Voraussetzungen nach Art. 39 ff. des Gesetzes erfüllt sind.

2) Als Umstand im Sinne von Abs. 1 gelten:

a) die rückläufige Nachfrage von Gütern und Dienstleistungen;

b) die Anordnung behördlicher Massnahmen; oder

c) andere vom Arbeitgeber nicht zu vertretende Umstände.

Art. 3

Nicht anrechenbarer Arbeitsausfall

Der Arbeitsausfall ist nicht nach Art. 2 anrechenbar, wenn:

a) die behördliche Massnahme durch Umstände veranlasst wurde, die der Arbeitgeber zu vertreten hat;

b) er durch eine private Versicherung gedeckt ist oder sich der Arbeitgeber nicht gegen einen solchen Arbeitsausfall versichert hat, obwohl dies möglich gewesen wäre; oder

c) der Arbeitgeber den Arbeitsausfall durch andere geeignete, wirtschaftlich tragbare Massnahmen vermeiden hätte können oder einen Dritten für den Schaden haftbar machen kann.

Art. 4

Anmeldefrist

Die Anmeldefrist für Kurzarbeit, die aufgrund des Coronavirus eingeführt werden muss, beträgt einen Arbeitstag.

Art. 5

Erleichterungen bei der Anmeldung

Das Amt für Volkswirtschaft kann auf eine umfassende Begründung der Auswirkungen nach Art. 58 Abs. 1 Bst. a ALVV durch den Arbeitgeber verzichten, wenn:

a) der Arbeitgeber glaubhaft darlegen kann, dass der Arbeitsausfall auf das Coronavirus zurückzuführen ist; und

b) die übrigen Anspruchsvoraussetzungen erfüllt sind.

Art. 6

Hängige Verfahren

Diese Verordnung ist auf zum Zeitpunkt des Inkrafttretens hängige Verfahren anzuwenden.

Art. 7

Inkrafttreten und Geltungsdauer

Diese Verordnung tritt am Tag der Kundmachung in Kraft und gilt bis 30. Juni 2020.

IX. Verordnung (Qualifikationsverfahren Grundbildung)

über die Durchführung der Qualifikationsverfahren der beruflichen Grundbildung 2020 im Zusammenhang mit dem Coronavirus (COVID-19-QbGV)

vom 21. April 2020

Aufgrund von Art. 46 Abs. 1 des Berufsbildungsgesetzes (BBG) vom 13. März 2008, LGBl. 2008 Nr. 103, verordnet die Regierung:

Art. 1

Gegenstand und Zweck

1) Diese Verordnung regelt die Massnahmen zur Durchführung der Qualifikationsverfahren der beruflichen Grundbildung im Jahre 2020 (QV 2020) angesichts der Pandemie des Coronavirus (COVID-19).

2) Die Durchführung der QV 2020 hat unter Einhaltung der behördlichen Empfehlungen betreffend Hygiene und sozialer Distanz zu erfolgen.

3) Zu diesem Zweck finden die QV 2020 in Abweichung von den Prüfungsbestimmungen der Verordnungen über die beruflichen Grundbildungen (BiVo) und der Verordnung über Mindestvorschriften für die Allgemeinbildung in der beruflichen Grundbildung statt.

QbGV

Art. 2

Richtlinien

1) Grundlage für die Durchführung der QV 2020 der beruflichen Grundbildung bilden die von den zuständigen schweizerischen Stellen erlassenen Richtlinien[23]; diese Richtlinien gelten für die Zwecke dieser Verordnung in Liechtenstein als anerkannt.

2) Die Richtlinien stellen sicher, dass die QV 2020 eine Überprüfung der praktischen, fachlichen und allgemeinbildenden Kompetenzen erlauben, die derjenigen nach den Verordnungen nach Art. 1 Abs. 3 gleichwertig ist.

---

[23] https://www.sbfi.admin.ch/sbfi/de/home/das-sbfi/rechtliche-grundlagen.html#1943082980

135

Art. 3

Abweichungen vom geltenden Recht

1) In Abweichung von den Bestimmungen der BiVo findet im Qualifikationsbereich Berufskenntnisse keine Abschlussprüfung statt. Die Berechnung der Note für diesen Qualifikationsbereich wird in den Richtlinien geregelt.

2) In Abweichung von Art. 7 Bst. a der Verordnung über Mindestvorschriften für die Allgemeinbildung in der beruflichen Grundbildung findet im Qualifikationsbereich Allgemeinbildung keine Schlussprüfung statt. Die Berechnung der Note für diesen Qualifikationsbereich wird in den Richtlinien geregelt.

3) Für die Durchführung des Qualifikationsbereichs praktische Arbeit bestehen drei Prüfungsvarianten. Die Prüfungsvarianten, das Verfahren zu ihrer Festlegung und die Berechnung der Note werden in den Richtlinien geregelt.

4) Die Richtlinien regeln weitere Abweichungen von den BiVo bezüglich Bestehensregeln, Berechnung der Gesamtnote, Einbezug der Erfahrungsnote sowie Spezialfälle wie Sonderformen praktischer Arbeiten und die Zulassung zu den Qualifikationsverfahren ausserhalb eines geregelten Bildungsganges, soweit die geltenden Bestimmungen der BiVo wegen der Coronapandemie nicht umgesetzt werden können.

Art. 4

Inkrafttreten und Geltungsdauer

Diese Verordnung tritt am Tag der Kundmachung in Kraft und gilt bis zum 16. Oktober 2020.

X. Verordnung (Lebensmittelbereich)

über befristete Massnahmen im Bereich des Lebensmittelrechts im Zusammenhang mit dem Coronavirus (COVID-19-LGV)

vom 21. April 2020

Aufgrund von Art. 13, 18 und 50 Abs. 1 des Bundesgesetzes vom 20. Juni 2014 über Lebensmittel und Gebrauchsgegenstände (Lebensmittelgesetz, LMG), SR 817.0[24], verordnet die Regierung:

Art. 1

Gegenstand

Diese Verordnung legt in Zusammenhang mit dem Coronavirus (←COVID→-19) befristete Massnahmen im Bereich des aufgrund des Zollvertrags in Liechtenstein anwendbaren Lebensmittelrechts fest und regelt Abweichungen in Bezug auf das Täuschungsverbot nach Art. 12 der Lebensmittel- und Gebrauchsgegenständeverordnung (LGV), SR 817.02[25].

Art. 2

Täuschungsverbot

1) In Abweichung von Art. 12 Abs. 1 LGV dürfen Angaben auf Lebensmitteln von den Tatsachen abweichen, wenn:

a) die abweichende Angabe belegbar auf Versorgungsengpässe infolge der COVID-19-Pandemie zurückzuführen ist;

b) die abweichende Angabe für den Schutz der Gesundheit der Konsumentinnen und Konsumenten, insbesondere in Bezug auf Zutaten, die Allergien oder andere unerwünschte Reaktionen auslösen können, nicht relevant ist; und

c) das Lebensmittel mit einem für die Konsumentinnen und Konsumenten leicht erkennbaren roten, runden Kleber versehen ist, worauf der Hinweis steht "Korrekte Deklaration unter: ...", gefolgt von einer Internetadresse, unter

---

[24] https://www.admin.ch/opc/de/classified-compilation/20101912/index.html
[25] https://www.admin.ch/opc/de/classified-compilation/20143388/index.html

welcher leicht auffindbar darüber informiert wird, welche Angabe auf dem Lebensmittel von den Tatsachen abweicht und warum.

2) Lebensmittel mit von den Tatsachen abweichenden Angaben, auf denen ein Kleber aus technischen Gründen nicht haften bleibt, müssen so angeboten werden, dass die korrekten Angaben und der Grund für die von den Tatsachen abweichenden Angaben auf einem Plakat am Verkaufsregal gut sichtbar sind.

Art. 3

Übergangsbestimmung

Nach Art. 2 gekennzeichnete Lebensmittel dürfen nach Ablauf der Geltungsdauer dieser Verordnung noch bis zur Erschöpfung der Bestände an Konsumentinnen und Konsumenten abgegeben werden.

Art. 4

Inkrafttreten und Geltungsdauer

Diese Verordnung tritt am Tag der Kundmachung in Kraft und gilt für eine Dauer von sechs Monaten ab Inkrafttreten.

XI. Verordnung (Polizeiausbildung)

über befristete Massnahmen im Bereich der Polizeiausbildung in Zusammenhang mit dem Coronavirus (COVID-19) (COVID-19-PolDOV)

vom 24. April 2020

Aufgrund von Art. 13, 14 und 39 des Gesetzes vom 21. Juni 1989 über die Landespolizei (Polizeigesetz; PolG), LGBl. 1989 Nr. 48, in der geltenden Fassung, verordnet die Regierung:

Art. 1

Gegenstand und Bezeichnungen

1) Diese Verordnung legt befristete Massnahmen im Bereich der Polizeiausbildung in Zusammenhang mit dem Coronavirus (COVID-19) fest und regelt in Abweichung von Art. 59 bis 61 PolDOV die Ausbildung der Polizeiaspiranten des Ausbildungslehrgangs 2019/2020 sowie deren Aufnahme in die Landespolizei.

2) Unter den in dieser Verordnung verwendeten Personenbezeichnungen sind Angehörige des weiblichen und männlichen Geschlechts zu verstehen.

Art. 2

Ausbildung

1) Die Polizeiaspiranten absolvieren eine einjährige Ausbildung an der Polizeischule Ostschweiz.

PolDoV

2) Der Inhalt der Ausbildung sowie die Promotionsvorgaben richten sich nach dem Ausbildungsplan und der Promotionsrichtlinie der Polizeischule.

Art. 3

Aufnahme in die Landespolizei

1) Nach erfolgreichem Abschluss der Polizeischule und dem Bestehen der eidgenössischen Berufsprüfung "Polizist/Polizistin" erfolgt die Aufnahme der Polizeiaspiranten in das Korps der Landespolizei.

2) Werden die Promotionsvorgaben der Polizeischule nicht erreicht, so läuft das befristete Dienstverhältnis aus.

3) Wird die eidgenössische Berufsprüfung nicht bestanden, so kann das Amt für Personal und Organisation in Absprache mit dem Polizeichef den Polizeiaspiranten bis zum nächstmöglichen Wiederholungstermin befristet weiterbeschäftigen. Wird die Prüfung erneut nicht bestanden, so wird der Polizeiaspirant nicht in die Landespolizei aufgenommen.

Art. 4

Inkrafttreten und Geltungsdauer

Diese Verordnung tritt am Tag der Kundmachung in Kraft und gilt bis zum 30. September 2020.

XII. Verordnung (Landwirtschaft)

Vom 21. April 2020

über befristete Massnahmen im Bereich der Landwirtschaft in Zusammenhang mit dem Coronavirus (COVID-19) (COVID-19-LwV)

Aufgrund von Art. 78 Abs. 1 des Landwirtschaftsgesetzes (LWG) vom 11. Dezember 2008, LGBl. 2009 Nr. 42, verordnet die Regierung:

Art. 1

Gegenstand

Diese Verordnung legt befristete Massnahmen im Bereich der Landwirtschaft in Zusammenhang mit dem Coronavirus (COVID-19) fest.

Art. 2

Massnahmen betreffend Einkommensbeiträge

Für die Auszahlung von Einkommensbeiträgen nach Art. 26 der Landwirtschafts-Einkommensbeitrags-Verordnung (LEV) gilt:

a) in Abweichung von Art. 26 Abs. 2 Bst. b LEV wird der Anteil der zweiten Teilzahlung auf 40 % und deren Auszahlungszeitpunkt auf Ende Juni festgelegt;

b) in Abweichung von Art. 26 Abs. 2 Bst. c LEV wird der Anteil der Schlusszahlung auf 30 % festgelegt.

Art. 3

Massnahmen betreffend Tierwohlbeiträge

LwV

Für die Auszahlung von Tierwohlbeiträgen nach Art. 9 der Ethoprogramm-Förderungs-Verordnung (EPFV) gilt:

a) in Abweichung von Art. 9 Abs. 3 Bst. b EPFV wird der Anteil der zweiten Teilzahlung auf 40 % und deren Auszahlungszeitpunkt auf Ende Juni festgelegt;

b) in Abweichung von Art. 9 Abs. 3 Bst. c EPFV wird der Anteil der Schlusszahlung auf 30 % festgelegt.

Art. 4

Massnahmen betreffend Abgeltungsbeiträge

Für die Auszahlung von Abgeltungsbeiträgen nach Art. 26 der Land-wirtschafts-Bewirtschaftungs-Förderungs-Verordnung (LBFV) gilt:

a) in Abweichung von Art. 26 Abs. 3 Bst. b LBFV wird der Anteil der zweiten Teilzahlung auf 40 % und deren Auszahlungszeitpunkt auf Ende Juni festgelegt;

b) in Abweichung von Art. 26 Abs. 3 Bst. c LBFV wird der Anteil der Schlusszahlung auf 30 % festgelegt.

Art. 5

Inkrafttreten und Geltungsdauer

Diese Verordnung tritt am 15. Mai 2020 in Kraft und gilt bis zum 31. Dezember 2020.

Litterarum radices amarae, fructus dulces[26]

Astra inclinant, sed non obligant

---

[26] *Cicero.*